KB219582

응용편

재미 쏙쏙!

메이크코드와 마이크로비트로 배우는
스토리텔링 코딩

마이크로비트를 활용하여 재미있고
감동적인 12개의 동화로 꾸며 보는 활동을
경험하면서 메이커로 성장하는 여러분의
모습을 상상해 보세요.

씨마스에듀

이 책을 내며…

　마이크로비트는 영국 BBC에서 코딩 교육용으로 개발한 하드웨어로, 말하자면 누구나 쉽게 사용할 수 있는 자그마한 컴퓨터라고 할 수 있습니다. 마이크로비트에는 빛 센서와 가속도 센서 외 두 개의 버튼, 25개의 LED 등이 내장되어 있어 소프트웨어와 하드웨어의 원리를 이해하기에 좋은 도구입니다.

　여러분은 이 교재에서 오즈의 마법사, 도깨비방망이, 피노키오 등 우리에게 친숙한 12개의 동화 이야기로 스토리텔링 메이커 활동을 재미있게 펼쳐 나갈 겁니다. 블록 언어로는 1단계의 엔트리, 2단계의 스크래치에 이어 3단계에서는 마이크로비트에 가장 잘 어울리는 메이크코드로 코딩을 합니다.

　창의적인 메이커 활동을 위해 1단계와 2단계 교재에서 다루었던 장치에 관한 지식을 바탕으로 확장 보드를 이용하여 OLED, 버저, 버튼 키패드, 서보모터, 가변 저항, 수분 센서, 움직임 센서 등을 활용할 수 있습니다.

　동화 이야기 속에서 주인공들이 처한 문제 상황을 인지한 뒤, 각 활동별 핵심 장치를 익히고 응용하여 재치 있게 이야기를 각색하는 과정에서 피지컬 컴퓨팅 장치를 활용한 문제 해결력과 더불어 메이커로서의 창의적인 발상 능력도 키울 수 있을 것입니다.

　다양한 장치로 날개를 단 마이크로비트와 함께 동화 나라로 날아가 볼까요?

　지금부터 교재에 실린 12개의 스토리텔링 메이커 활동을 시작해 봅시다.

이 책을 쓰신 분들

아래 세 분은 '씨마스에듀 코딩 교육연구회' 소속입니다.

장병철 선생님

"수업에서 중요한 것은 내가 무엇을 가르쳤느냐가 아니라 학생들이 무엇을 배웠느냐이다."라는 신념을 갖고 학생들과 더불어 공부하려고 노력하는 선생님입니다. 또한 모두가 행복해지는 세상을 꿈꾸며 어려운 컴퓨터 응용 프로그램과 인공지능을 쉽게 학생들과 공유하고 싶어 인공지능으로 박사 학위를 받았습니다. 친숙한 동화를 재구성하여 코딩하는 이 교재로 코딩과 메이킹을 한꺼번에 경험할 수 있는 소중한 시간을 갖기 바랍니다. 컴퓨터는 다른 나라에서 먼저 만들었지만, 컴퓨터 교육은 우리나라가 최고가 되게 하려는 것이 저와 여러분이 함께 노력해야 할 부분이라고 생각합니다.

유경선 선생님

초등학교에서 컴퓨터 교과를 가르치고 컴퓨터 교육 박사 과정을 하면서 어려운 컴퓨터 공학적 개념을 학생들이 쉽게 이해하고 자신의 삶과 연결 지을 수 있도록 고민하고 연구하고 있습니다. 이 책을 통하여 누구나 한번은 읽었을 법한 동화 속의 등장인물이 되어 인물들이 직면한 문제를 비판적 사고로 찾아보고 이를 컴퓨팅 사고를 통해서 문제를 해결해 봄으로써 무한한 상상 속의 나만의 이야기를 만들어 보는 경험이 되길 바랍니다.

이은경 선생님

배울 거리에 대한 부담감 대신 엉뚱하고 즐거운 상상으로 책장을 넘길 수 있었으면 좋겠습니다. 차가운 코드가 따뜻한 감성을 품도록 많은 고민을 담아 만든 책입니다. 책이 나올 수 있도록 도와주신 많은 분들과 늘 내게 힘이 되어 주는 사랑하는 가족에게 감사함을 전합니다.

이 책의 활용법

핵심 장치를 활용하여 동화 이야기를 꾸며 보는 신나는 메이커 활동을 해 보세요

❶ 마비, 오늘 들려줄 이야기는 뭐야?

⬇

❷ 음, 무엇을 알아야 하지?

⬇

❸ 좋아, 시작해 볼까?

⬇

❹ 또, 무엇을 해야 하지?

⬇

❺ 이제, 프로그래밍해 볼까?

⬇

❻ 그럼, 잘 되는지 확인해 보자!

 1 마비, 오늘 들려줄 이야기는 뭐야?

이 활동에서 해결해야 할 과제가 무엇인지 찾아내고, 그 과제를 해결한 결과와 해결하기 위한 준비물을 확인합니다.

2 음, 무엇을 알아야 하지?

재미있고 감동적이면서 멋진 작품을 만들기 위해 필요한 핵심 장치에 대해 자세히 알아봅니다.

각 활동에 맞는 도안으로 재미있는 만들기
활동을 해 보세요.
만들기 도안은 부록에서 오려 사용하세요.

③ 좋아, 시작해 볼까?

회로 연결 방법을 알고,
장치를 작동시켜 실험
을 통해 변화하는 값을
확인합니다.

⑤ 이제, 프로그래밍해 볼까?

새롭게 알게 된 블록 명
령어를 기억하고, 지금
까지 배운 대로 프로그
래밍해 보면서 논리적인
사고를 키웁니다.

※ QR코드와 예제
   주소로 소스 코드를
   확인해 보세요.

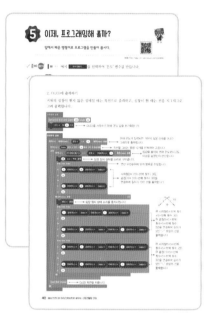

④ 또, 무엇을 해야 하지?

프로그램 동작 순서를
알아보고, 실제로 프로
그램을 작성하기 위한
명령어를 익힙니다.

⑥ 그럼, 잘 되는지 확인해 보자!

직접 프로그램을 실행
해 보고, 잘 되지 않을
때는 무엇이 문제인지
확인하여 해결합니다.

※ QR코드에 만들기
   동영상이 제시되어
   있습니다.

이 책의 차례

준비 학습을 해요

메이크코드로 마이크로비트를
작동시키기 위한 준비 단계입니다.

잠깐, 메이크코드를 원활히 사용하기
위해서는 (크롬) 브라우저 사용을
권장합니다. 따라서 먼저 크롬
브라우저를 설치한 뒤, 메이크코드에
접속해 보세요.

학습 목표

1. 크롬 브라우저에서 메이크코드에 접속할 수 있습니다.

2. 메이크코드에서 마이크로비트를 연결하고, 프로그램을 업로드하는 순서를 압니다.

3. 메이크코드 프로그래밍 환경을 이해합니다.

메이크코드 접속하기

자, 이제 메이크코드에 접속해 봅시다.

❶ 크롬(◎) 브라우저를 실행합니다.

❷ 주소 창에 '메이크코드' 또는 'http://makecode.microbit.org' 를 입력한 뒤, Enter 키를 누릅니다.

❸ 메이크코드 사이트가 나타나며, '새 프로젝트'를 눌러 프로그램을 시작합니다.

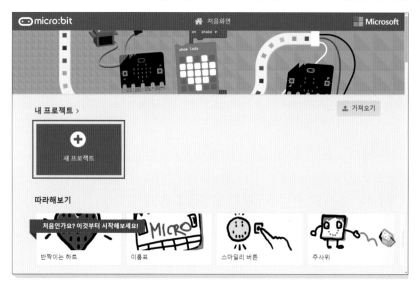

Q&A

Q. 그 밖에 메이크코드를 접속하는 방법은 무엇이 있나요?

A. 마이크로비트 홈페이지를 통하여 메이크코드에 접속할 수 있습니다.

❶ 크롬(◎) 브라우저를 실행합니다.

❷ 첫 화면에 뜨는 구글 검색창에 '마이크로비트'를 입력한 뒤, Enter 키를 누릅니다.

❸ 마이크로비트 재단 공식 홈페이지에 접속합니다.

② 메이크코드로 프로그램 만들기

마이크로비트의 LED에 "Hello!"라는 글자를 계속해서 출력하는 프로그램을 작성합니다.

❶ ▦ 기본 을 선택합니다.

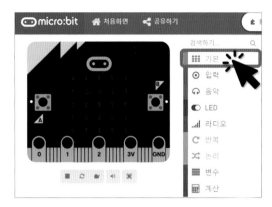

❷ 문자열 출력 "Hello!" 블록을 마우스 왼쪽 버튼을 누른 상태에서 [블록 조립소]로 끌어다 놓습니다.

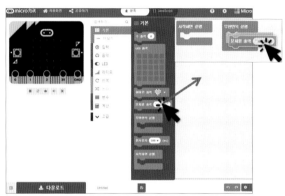

❸ '딸깍' 소리와 함께 명령 블록이 연결되고 [시뮬레이터]의 LED에서 "Hello!"라는 글자가 출력되는 것을 확인할 수 있습니다. 이때 영문자가 한 글자씩 나타납니다.

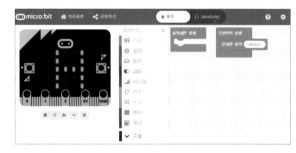

Micro:bit Tinker Kit! 연결하기

❶ ∧ 고급 을 선택한 뒤, ➕ 확장 을 선택합니다.

❷ '확장 프로그램' 검색창에 'tinkercademy-tinker-kit'를 입력하고, 검색된 '확장 프로그램'을 선택합니다.

❸ </> Tinkercademy 와 🖵 OLED 가 추가된 것을 확인합니다.

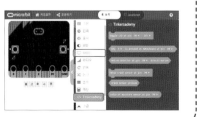

3 만든 프로그램 업로드하기

이제, 여러분이 만든 프로그램을 실제 마이크로비트에서 작동하도록 업로드해 봅시다.

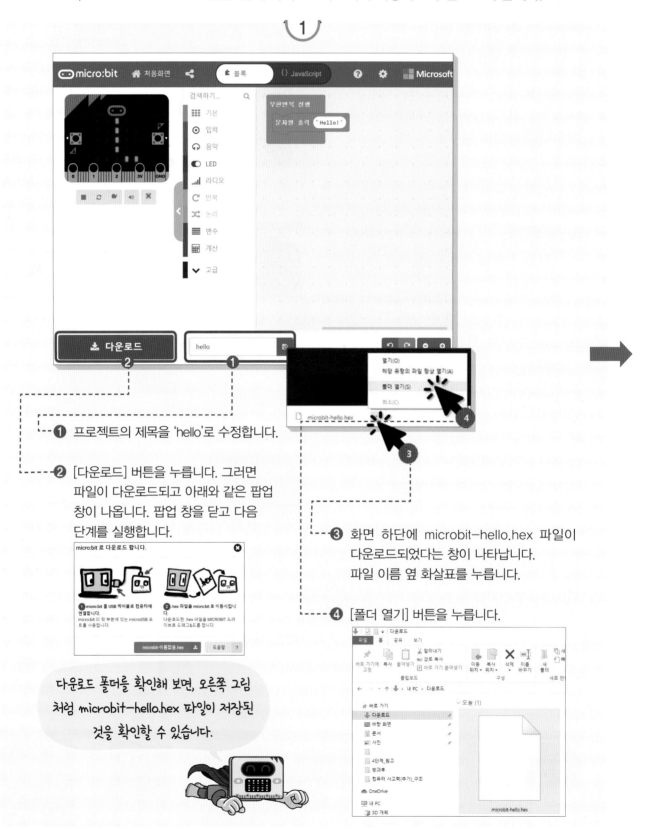

❶ 프로젝트의 제목을 'hello'로 수정합니다.

❷ [다운로드] 버튼을 누릅니다. 그러면 파일이 다운로드되고 아래와 같은 팝업 창이 나옵니다. 팝업 창을 닫고 다음 단계를 실행합니다.

❸ 화면 하단에 microbit-hello.hex 파일이 다운로드되었다는 창이 나타납니다. 파일 이름 옆 화살표를 누릅니다.

❹ [폴더 열기] 버튼을 누릅니다.

다운로드 폴더를 확인해 보면, 오른쪽 그림처럼 microbit-hello.hex 파일이 저장된 것을 확인할 수 있습니다.

이때, 컴퓨터와 마이크로비트는 USB 케이블로 연결되어 있어야 합니다.

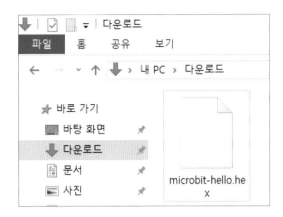

USB 케이블의 규격은 안드로이드 스마트폰에서 많이
사용되는 Micro USB 5핀(Micro B type 2.0)입니다.

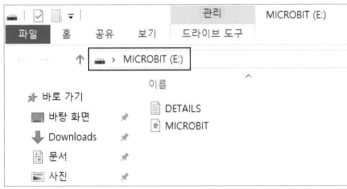

컴퓨터와 마이크로비트를
USB 케이블로 연결하면,
MICROBIT라는 이름의 이동식
디스크(드라이브)가 인식됩니다.

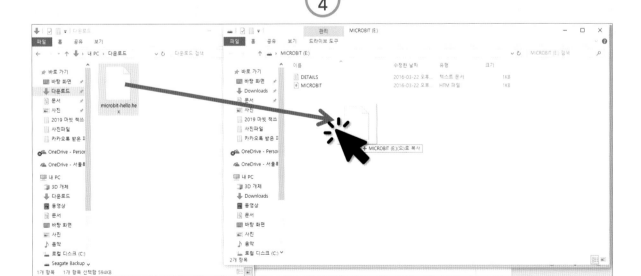

다운로드 한 .hex 파일을 MICROBIT라는 이름의 이동식 디스크로 복사하면 업로드가 완료됩니다.

컴퓨터와 마이크로비트를 페어링하여 쉽게 프로그램 업로드하기

컴퓨터와 마이크로비트를 페어링하면 .hex 파일을 이동식 디스크로 복사해 넣는 과정 없이
메이크코드 프로그램에서 [다운로드] 버튼만 누르면 바로 업로드됩니다.
마이크로비트와 컴퓨터를 페어링하는 방법은 아래와 같습니다.

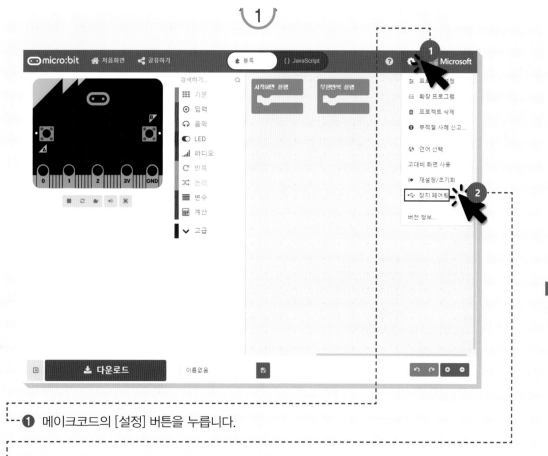

❶ 메이크코드의 [설정] 버튼을 누릅니다.

❷ [장치 페어링] 버튼을 누릅니다. 아래와 같은 창이 뜨며 마이크로비트가 컴퓨터와
연결되어 있는지 확인한 뒤, [장치 페어링] 버튼을 누릅니다.

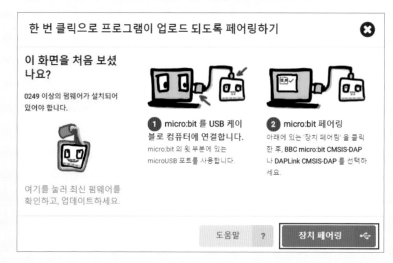

컴퓨터와 마이크로비트가 페어링된 다음부터는 다운로드 버튼을 누르면 즉시 프로그램이
업로드됩니다.

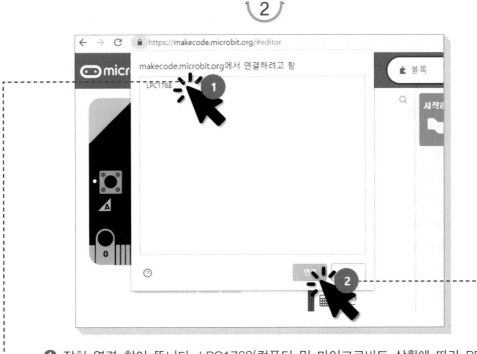

● 장치 연결 창이 뜹니다. LPC1768(컴퓨터 및 마이크로비트 상황에 따라 BBC
   micro:bit CMSIS-DAP 또는 DAPLink CMSIS-DAP 등으로 표시될 수 있습니다.)을
   선택합니다.

● [연결] 버튼을 누릅니다. 페어링이 성공적으로 완료되었다면 아래와 같은 메시지가
   나타납니다.

장치가 페어링 되었습니다! 다운로드해 보세요.

주의 !

USB 페어링 기능을 사용하기 위해서는 윈도10 운영체제에서
크롬 브라우저를 사용해야만 합니다. 그 외의 인터넷
브라우저에서는 USB 페어링 기능을 지원하지 않습니다.
펌웨어 버전은 0249 이상이어야 USB 페어링 기능을
지원합니다. MICROBIT 이동식 디스크의 DETAILS.TXT
파일을 열어 보면 펌웨어 버전을 확인할 수 있습니다.

만약 펌웨어 버전이 0249 미만이면 [설정-장치 페어링] 메뉴를 눌렀을 때 나타나는 창에서 왼쪽의
링크를 눌러 [펌웨어 업데이트]를 실행하세요.

12개 동화 이야기에 사용하는 장치 소개

모든 장치는 확장 보드에 연결하여 사용합니다.

순서	동화 제목	활동 제목	핵심 장치
1	오즈의 마법사	캔자스 마을로 돌아가는 도로시	OLED
2	브레멘 음악대	브레멘 음악대의 우리 집 지키미	버저 가속도 센서
3	황금알을 낳는 거위	할아버지의 후회	OLED 온도 센서
4	헨젤과 그레텔	헨젤과 그레텔의 마녀 감지기	자기(나침반) 센서 버저
5	도깨비방망이	도깨비방망이를 지켜라!	충돌 센서 가속도 센서 LED
6	크리스마스 캐럴	반짝이는 크리스마스카드	LED
7	어린 왕자	장미꽃 돌보기	버튼 키패드
8	늑대와 일곱 마리 아기 염소	염소네 집의 비밀번호 문	라디오 OLED 버튼 키패드
9	시골 쥐와 서울 쥐	빛이 보이면 달려야 해!	서보모터 빛 센서 버저
10	해와 바람	오늘의 기분은 흐림	가변 저항 서보모터
11	피노키오	길어지는 피노키오의 코	수분 센서 서보모터
12	알리바바와 40인의 도둑	비밀번호를 모르는 카심	PIR 센서(움직임 센서) 버튼 키패드

오즈의 마법사

지은이 라이먼 프랭크 바움

캔자스의 농장에 사는 도로시 는 집 안에 있다가 회오리에 휩쓸려 마법의 대륙 오즈의 나라에 도착했어요. 착한 북쪽 마녀 는 나쁜 동쪽 마녀가 도로시의 집에 깔려 죽었다며 도로시에게 고마워했어요.

> 나쁜 동쪽 마녀를 없애 줘서 고마워!
> 그 보답으로 동쪽 마녀의 은 구두를 줄게.

도로시 는 은 구두를 받고 몹시 기뻤지만, 고향인 캔자스로 돌아가고 싶었어요.

> 저는 제 고향인 캔자스 마을로
> 돌아가고 싶어요.

그 얘기를 들은 착한 북쪽 마녀 는 노란 벽돌 길을 따라가라고 했어요. 그 길을 따라가면 위대한 마법사 오즈를 만날 수 있을 거라고요. 도로시 는 오즈의 마법사를 만나기 위해 노란 벽돌 길을 따라 여행을 떠났어요.

앞으로 펼쳐질 이야기는

기본 도로시는 오즈의 마법사를 만나러 가던 중에 뇌를 갖고 싶은 허수아비를 만나 함께 여행을 시작했고, 드디어 마법사 오즈를 만나게 돼요.

응용 도로시와 친구들은 오즈의 마법사에게 선물을 받고 기뻐했지만 도로시를 캔자스 마을로 보내 줄 열기구가 날아가 버렸어요.

※ **기본** 이야기는 '기본편' 교재에서 만날 수 있어요.

캔자스 마을로 돌아가는 도로시

친구들은 마법사에게 선물을 받고 기뻐했어요. 그러나 도로시를 캔자스 마을로 보내 줄 열기구가 날아가 버렸어요. 그때 북쪽 마녀가 도로시 앞에 나타났어요.

학습 목표

1️⃣ OLED로 문자를 출력할 수 있습니다.

2️⃣ 문자 출력을 이용하여 OLED 화면에 다양한 모양을 출력할 수 있습니다.

핵심 장치

오늘은 마법사에게 선물을 받고 캔자스 마을로 돌아가는 도로시의 이야기를 들려줄게.

OLED

마비, 오늘 들려줄 이야기는 뭐야?

마법사가 도로시에게 열기구를 주었지만 도로시가 타기도 전에 날아가 버렸어요.
이때 북쪽 마녀가 도로시 앞에 나타났어요.

열기구가 없어도 괜찮아.
너의 은 구두는 단 세 발자국만
걸으면 원하는 곳으로
데려다 준단다.

어머나 정말요?

❓ 도로시가 은구두를 신고 세 발자국을 걸어 집으로 가려면 어떻게 해야 할까요?

오늘의 할 일

도로시가 은 구두를 신고 세 발자국을 걸었을 때
집 그림과 문자가 출력되도록 만들어 봅시다.

완성 작품

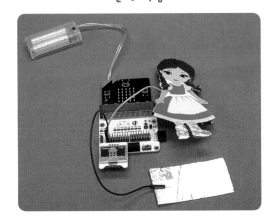

실행 화면

발자국 그림   집 그림과 문자

오늘의 준비물

마이크로비트   확장 보드   USB 케이블

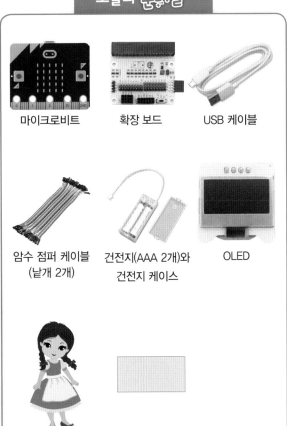

암수 점퍼 케이블   건전지(AAA 2개)와   OLED
(낱개 2개)   건전지 케이스

도로시 도안   발판 도안

② 음, 무엇을 알아야 하지?

이 시간에 배워야 할 장치를 알아봅시다.

❓ 도로시가 은 구두로 마법을 사용하려면 어떻게 해야 할까요?

> 은 구두에 전기가 흐르면 마법을 사용할 수 있단다.

> 은 구두에 전기가 흘러야 한다고요? 전기가 흘러야 마법을 사용할 수 있는 거군요!

금속의 특징

금, 은, 구리는 전기 저항(전기의 흐름을 방해하는 것)이 아주 작아 전기가 잘 흐르는 금속으로 꼽힙니다.
이 셋 중에서 가장 전기가 잘 흐르는 금속은 은이며, 금과 은은 잘 녹슬지 않기 때문에 전자 기기의 중요한 배선에 사용됩니다.

* 이번 활동에서는 원하는 그림이나 문자 등을 출력하기 위해 OLED를 사용합니다.

❓ OLED 화면을 살펴볼까요?

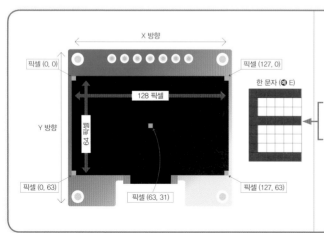

OLED의 화면은 가로가 128픽셀, 세로가 64픽셀입니다.
OLED 화면에 하나의 문자 또는 숫자를 출력하기 위해서는 가로 6픽셀, 세로 8픽셀이 필요합니다.
그래서 가로에는 21(128÷6)개, 세로에는 8(64÷8)줄의 문자 또는 숫자를 출력할 수 있습니다.

※ 픽셀이란 컴퓨터 모니터, 텔레비전 등 화면을 확대해서 볼 수 있는 정사각형의 가장 작은 점을 말합니다.

3 좋아, 시작해 볼까?

다음과 같이 회로를 연결한 뒤에 실험을 통해 결괏값을 확인해 봅시다.

❓ 회로 연결은 어떻게 할까요?

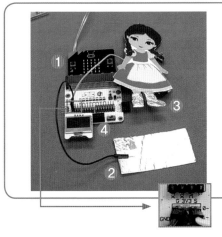

❶ 마이크로비트를 확장 보드에 꽂습니다.
❷ 확장 보드 P0-G와 발판 도안(바닥 대용)을 점퍼 케이블(검은색)로 연결합니다.
❸ 확장 보드 P0-S와 은 구두를 다른 점퍼 케이블(노란색)로 연결합니다.
❹ 확장 보드에 OLED를 연결합니다.

※ 은 구두는 알루미늄 테이프나 포일로 만듭니다.

❓ 실험해 볼까요?

1. OLED 화면에 26개의 알파벳을 출력해 보고, 첫 번째 줄에 몇 개의 글자가 출력되는지 알아봅시다.

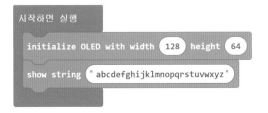

첫 줄에 출력된 알파벳	첫 줄에 출력할 수 있는 문자의 개수

✳ OLED 화면 가로 한 줄에 문자를 (   )개 출력할 수 있다.

2. 0부터 9까지의 숫자를 화면에 출력해 보고, 첫 번째 줄에 몇 개의 숫자가 출력되는지 알아봅시다.

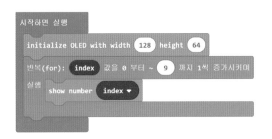

첫 줄에 출력된 숫자	첫 줄에 출력할 수 있는 숫자의 개수

✳ OLED 화면 세로 한 줄에 숫자를 (   )개 출력할 수 있다.

4 또, 무엇을 해야 하지?

프로그램을 작성하기 전에 동작 과정과 필요한 명령어를 살펴봅시다.

❓ 프로그램은 어떻게 동작할까요?

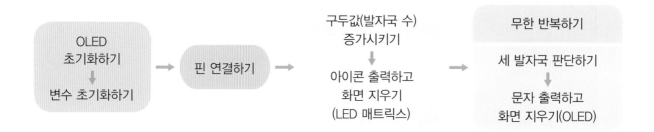

❓ 필요한 명령어는 무엇일까요?

| ::: 기본 | ⊙ 입력 | 🖵 OLED | ⤬ 논리 | ≣ 변수 |

5 이제, 프로그래밍해 볼까?

앞에서 배운 명령어로 프로그램을 만들어 봅시다.

예제 주소: http://m.site.naver.com/0vX6A

✓ **준비 하기**  를 선택하여 '구두' 변수를 만듭니다.(구두는 발자국 수에 해당합니다.)

✓ **프로그램 만들기**

은 구두로 바닥을 디딜 때마다 LED 매트릭스에는 ▨ 아이콘을 출력하고, 은 구두로 세 발자국을 걸으면 OLED에 집과 문자를 출력합니다.

→ OLED를 사용하기 위해 변수 '구두'값을 초기화합니다.

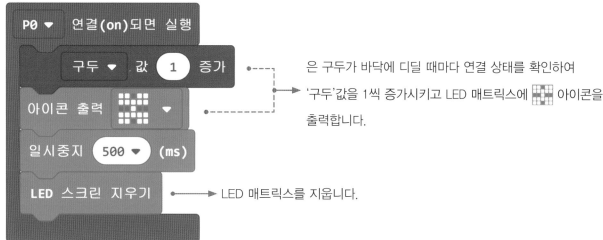

은 구두가 바닥에 디딜 때마다 연결 상태를 확인하여
→ '구두'값을 1씩 증가시키고 LED 매트릭스에 ▨ 아이콘을 출력합니다.

→ LED 매트릭스를 지웁니다.

OLED 화면에 출력할 수 있는 문자나 숫자는 모두 몇 개일까요?

무한반복 실행

만약(if) 구두 ▾ ≥ ▾ 3 이면(then) 실행 ⟶ 세 발자국 이상 걸으면 도로시의 집이 OLED 화면에 출력됩니다.

show string " "Cansas *****   City" "

show string " ******* "

show string " ********* "

show string " ******* "

show string " *   *   * " ⟶ OLED 화면에 도로시의 집과 문자를 출력합니다.

show string " ******* "

show string " *   *   * "

show string " Welcom!******Dorothy "

일시중지 2000 ▾ (ms)

clear OLED display ⟶ OLED 화면을 지웁니다.

⊕ ⟶ ⊕버튼을 누르면 명령문을 추가로 만들 수 있습니다.

자신이 원하는 집의 모양을 그려 보고 코딩해 보세요!

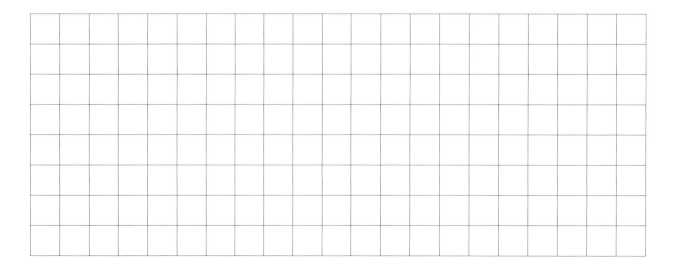

6 그럼, 잘 되는지 확인해 보자!

완성된 프로그램을 실행해 보고, 작동되지 않으면 ❶ 질문 있어요!를 확인해 봅시다.

❶ 확인해 보아요!

파일명을 입력한 다음, 저장하고 마이크로비트에 업로드합니다.

확인할 내용

❶ 은 구두로 바닥을 디딜 때마다 LED 매트릭스에 아이콘이 출력되나요?
❷ 세 발자국을 걸으면 OLED에 집과 문자가 출력되나요?

결과

동영상
QR코드 ▶

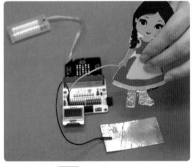

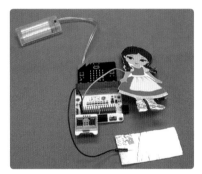

 아이콘 출력　　　　　　　집 그림과 문자 출력

❶ 질문 있어요!

유리 구두를 신고 소원을 빌었는데, 원하는 곳으로 데려다 주지 않아요.

마법이 사용될 수 있는 구두는 전기가 통하는 금, 은, 구리와 같은 금속으로 이루어진 구두여야 해요.

아! 그렇군요. 은 구두로 갈아 신었어요. 예쁜 우리 집이 OLED 화면에 엉망으로 나타나요.

OLED 한 줄에 21개의 문자를 표현할 수 있고, 8줄로 나타낼 수 있어요. 빈 공간을 나타내려면 Space Bar 를 눌러요. 예쁜 집이 되도록 기호를 다시 배열해서 출력해 보세요.

자, 같이 만들어 볼까?

회로와 도안을 연결하는 방법을 알아봅시다.

1

도로시 도안과 발판 도안을 준비합니다.

2

도로시의 구두와 발판을 알루미늄 테이프나 포일로 감쌉니다.

3

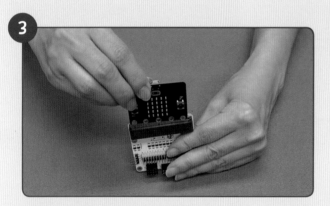

마이크로비트를 확장 보드에 꽂습니다.

4

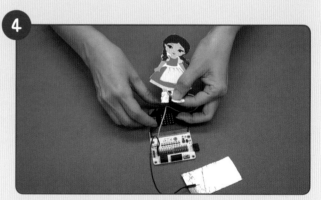

확장 보드 P0-G에는 발판을, P0-S에는 은 구두를 각각 점퍼 케이블로 연결합니다.

5

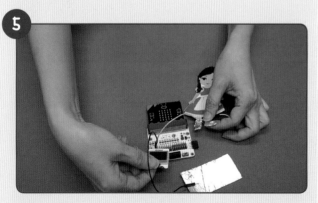

확장 보드에 OLED를 연결합니다.

은 구두를 신고 발판에서 세 발자국을 걸으면 집과 문자가 출력되는지 확인해 보세요.

브레멘 음악대

지은이 그림 형제

어느 마을에 주인 🎩 을 위해 한평생을 열심히 일한 당나귀 🐴 가 살았어요. 어느 날 당나귀 🐴 는 주인이 마을 사람들에게 자신에 대해 이야기하는 것을 들었어요.

> 저 늙은 당나귀 녀석 아주 골칫거리라니까. 당장 죽여 버려야겠어!

당나귀 🐴 는 너무 놀라 뒤로 자빠질 뻔했어요. 하지만 침착하게 자신이 무엇을 해야 할지, 또 무엇을 하고 싶은지 생각했어요.

> 맞아, 나는 항상 이 마을을 떠나 멋진 음악가가 되고 싶었어.

당나귀 🐴 는 자신과 같이 주인에게 버림받은 다른 동물 친구들과 함께 동물 음악대를 꾸리기 위해 브레멘으로 떠나기로 했어요.

▼

앞으로 펼쳐질 이야기는

기본 먼 길을 걷느라 지쳐버린 동물 음악대는 어둑한 산 속에서 희미한 불빛을 발견했어요. 불빛을 따라 도착한 곳은 도둑의 집이었어요! 어떻게 하죠?

응용 도둑의 집을 차지한 동물 음악대는 다시는 도둑이 집 안에 발을 들이지 못하도록 서로 궁리했어요. 어떻게 힘을 모았을까요?

※ **기본** 이야기는 '기본편' 교재에서 만날 수 있어요.

활동

2

브레멘 음악대의 우리 집 지키미

브레멘 음악대가 유령인줄 알고 허겁지겁 도망갔던 도둑이 다시 나타났어요.
도둑은 오두막집의 문손잡이를 살며시 잡았어요.

학습 목표

① 버저를 이용해서 주파수의 높낮이가 다른 효과음을 출력할 수 있습니다.

② 가속도 센서를 이용하여 다양한 움직임을 감지할 수 있습니다.

> 오늘은 도둑으로부터 집을 지켜낸 브레멘 음악대의 이야기를 들려줄게.

핵심 장치

버저

가속도 센서

마비, 오늘 들려줄 이야기는 뭐야?

브레멘 음악대는 몰래 집 안으로 들어온 도둑의 얼굴을 할퀴고, 다리를 물고, 엉덩이를 뒷발로 걷어찼어요. 놀란 도둑은 "걸음아 나 살려라."하고 도망갔어요.

❓ **도둑이 침입하는 것을 브레멘 음악대가 미리 알 수는 없을까요?**

오늘의 할 일

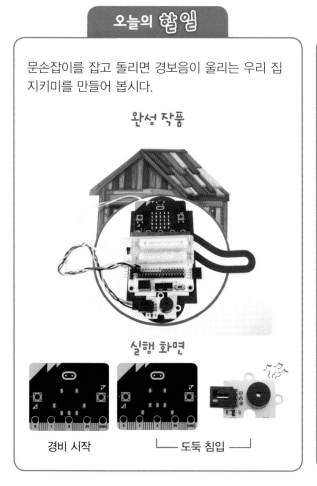

문손잡이를 잡고 돌리면 경보음이 울리는 우리 집 지키미를 만들어 봅시다.

완성 작품

실행 화면

경비 시작 ㅡㅡ 도둑 침입 ㅡㅡ

오늘의 준비물

마이크로비트   확장 보드   USB 케이블

확장 보드 연결 케이블   건전지(AAA 2개)와 건전지 케이스   버저

집 도안   문손잡이 도안   할핀

음, 무엇을 알아야 하지?

이 시간에 배워야 할 장치를 알아봅시다.

❓ 문이 열리는 것을 어떻게 알 수 있나요?

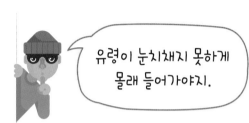

유령이 눈치채지 못하게 몰래 들어가야지.

도둑이 문손잡이를 돌리는 순간 가속도 센서가 감지할 거야.

게임 컨트롤러(Game Controller)

게임 컨트롤러는 비디오 게임을 제어하는 입력 장치입니다. 최근에는 기울이거나 흔드는 동작으로 게임을 조종하는 데도 사용하고 있습니다. 이러한 게임 컨트롤러에는 가속도 센서를 비롯한 다양한 센서가 들어 있습니다.

＊ 이번 활동에서는 도둑 침입 감지 장치를 만들기 위해 가속도 센서를 사용합니다.

❓ 가속도 센서를 알아볼까요?

기능	마이크로비트에는 가속도 센서가 있어서 마이크로비트를 흔들거나 움직여서 가속도를 측정할 수 있습니다. 가속도 센서를 이용하면 흔들기, 기울이기, 떨어뜨리기 등의 동작을 감지할 수 있습니다.

Y(−) Z(−)
위
X(−) 왼쪽 오른쪽 X(+)
아래
Z(+) Y(+)

활용 사례	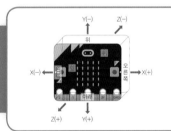 스마트폰의 '걸음 수 측정' 애플리케이션은 스마트폰에 있는 가속도 센서를 이용하여 사람의 움직임을 감지하고 걸음 수로 바꾸어 보여 줍니다.	 전화벨 소리나 알람이 울릴 때 스마트폰의 액정이 바닥을 향하도록 놓아두면 소리나 진동이 꺼집니다.

좋아, 시작해 볼까?

다음과 같이 회로를 연결한 뒤에 실험을 통해 결과를 확인해 봅시다.

❓ 회로 연결은 어떻게 할까요?

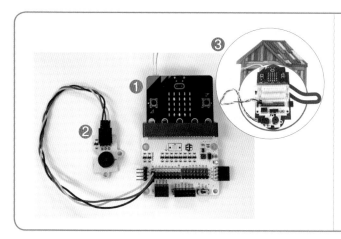

❶ 마이크로비트를 확장 보드에 꽂습니다.

❷ 확장 보드 P0에 버저를 연결합니다.

버저	확장 보드
■ Ⓢ	■ S
■ Ⓥ	■ 3V3
■ Ⓖ	■ G

❸ 문손잡이와 집 도안을 할핀으로 연결한 뒤, 문손잡이 도안 위에 회로를 붙입니다.

❓ 실험해 볼까요?

마이크로비트의 가속도 센서는 움직임을 감지합니다. 아래 코드를 작성하여 마이크로비트에 저장한 뒤, 마이크로비트를 움직여 실행 결과를 확인해 봅시다.

 흔들림

 로고 하늘 방향

 로고 땅 방향

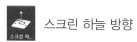 스크린 하늘 방향

 스크린 땅 방향

4 또, 무엇을 해야 하지?

프로그램을 작성하기 전에 동작 과정과 필요한 명령어를 살펴봅시다.

❓ 프로그램은 어떻게 동작할까요?

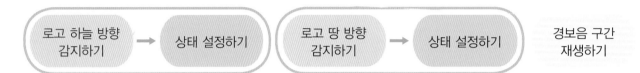

로고 하늘 방향 감지하기 → 상태 설정하기

로고 땅 방향 감지하기 → 상태 설정하기

경보음 구간 재생하기

❓ 필요한 명령어는 무엇일까요?

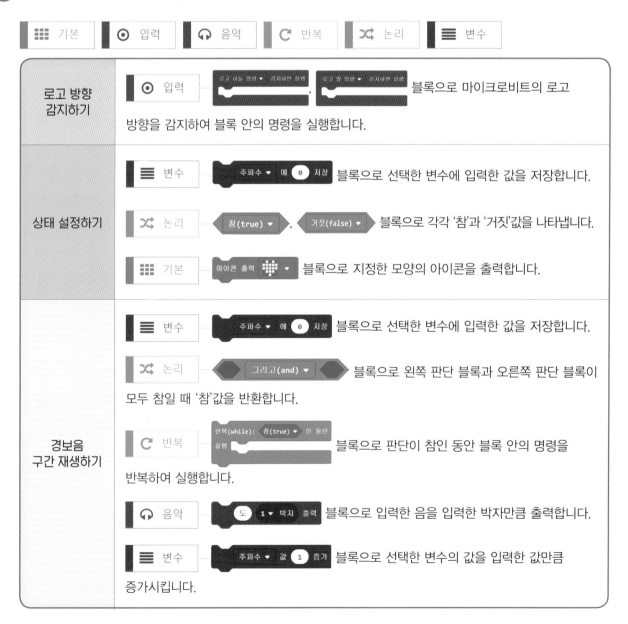

| ::: 기본 | ⊙ 입력 | ♩ 음악 | C 반복 | ⤭ 논리 | ☰ 변수 |

| 로고 방향 감지하기 | ⊙ 입력 | `로고 하늘 방향 ▼ 감지하면 실행` , `로고 땅 방향 ▼ 감지하면 실행` 블록으로 마이크로비트의 로고 방향을 감지하여 블록 안의 명령을 실행합니다. |

상태 설정하기

☰ 변수 `주파수 ▼ 에 0 저장` 블록으로 선택한 변수에 입력한 값을 저장합니다.

⤭ 논리 `참(true) ▼` , `거짓(false) ▼` 블록으로 각각 '참'과 '거짓'값을 나타냅니다.

::: 기본 `아이콘 출력 ▦ ▼` 블록으로 지정한 모양의 아이콘을 출력합니다.

경보음 구간 재생하기

☰ 변수 `주파수 ▼ 에 0 저장` 블록으로 선택한 변수에 입력한 값을 저장합니다.

⤭ 논리 `그리고(and) ▼` 블록으로 왼쪽 판단 블록과 오른쪽 판단 블록이 모두 참일 때 '참'값을 반환합니다.

C 반복 `반복(while): 참(true) ▼ 인 동안 실행` 블록으로 판단이 참인 동안 블록 안의 명령을 반복하여 실행합니다.

♩ 음악 `도 1 ▼ 박자 출력` 블록으로 입력한 음을 입력한 박자만큼 출력합니다.

☰ 변수 `주파수 ▼ 값 1 증가` 블록으로 선택한 변수의 값을 입력한 값만큼 증가시킵니다.

5 이제, 프로그래밍해 볼까?

앞에서 배운 명령어로 프로그램을 만들어 봅시다.

예제 주소 : http://m.site.naver.com/0vXlj

✔ **준비하기** ≡ 변수 에서 변수 만들기... 를 선택하여 '주파수', '도둑' 변수를 만듭니다.

✔ **프로그램 만들기**

문손잡이를 잡고 돌리면 도둑인지 아닌지 알리는 경보음이 울립니다.

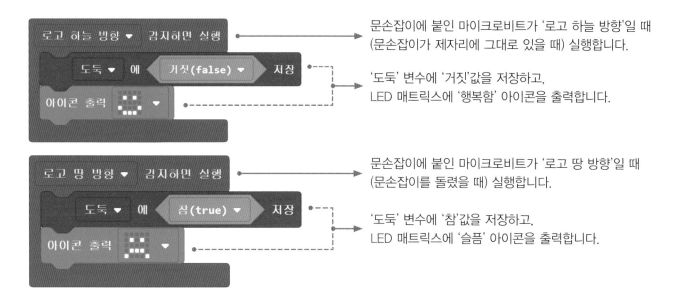

문손잡이에 붙인 마이크로비트가 '로고 하늘 방향'일 때 (문손잡이가 제자리에 그대로 있을 때) 실행합니다.

'도둑' 변수에 '거짓'값을 저장하고, LED 매트릭스에 '행복함' 아이콘을 출력합니다.

문손잡이에 붙인 마이크로비트가 '로고 땅 방향'일 때 (문손잡이를 돌렸을 때) 실행합니다.

'도둑' 변수에 '참'값을 저장하고, LED 매트릭스에 '슬픔' 아이콘을 출력합니다.

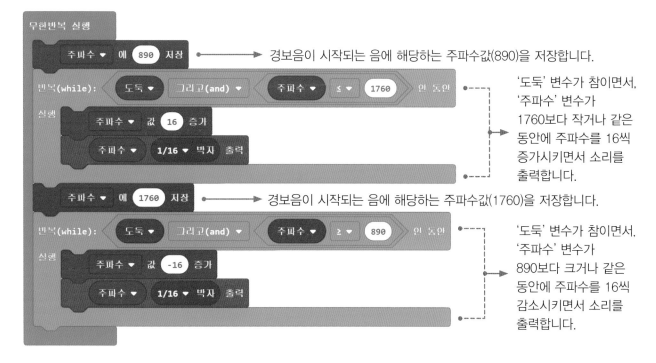

경보음이 시작되는 음에 해당하는 주파수값(890)을 저장합니다.

'도둑' 변수가 참이면서, '주파수' 변수가 1760보다 작거나 같은 동안에 주파수를 16씩 증가시키면서 소리를 출력합니다.

경보음이 시작되는 음에 해당하는 주파수값(1760)을 저장합니다.

'도둑' 변수가 참이면서, '주파수' 변수가 890보다 크거나 같은 동안에 주파수를 16씩 감소시키면서 소리를 출력합니다.

6 그럼, 잘 되는지 확인해 보자!

완성된 프로그램을 실행해 보고, 작동되지 않으면 ❶ 질문 있어요!를 확인해 봅시다.

❗ 확인해 보아요!

파일명을 입력한 다음, 저장하고 마이크로비트에 업로드합니다.

확인할 내용

❶ 문손잡이를 위로 돌리면 경보음이 낮아지면서 '행복함' 아이콘이 출력되나요?
❷ 문손잡이를 아래로 돌리면 경보음이 높아지면서 '슬픔' 아이콘이 출력되나요?

결과

경비 시작 ┃━━━━━ 도둑 침입 ━━━━━┃

❗ 질문 있어요!

경보음의 빠르기를 조절하고 싶어요.

  블록의
값을 수정해서 '시작하면 실행' 블록 안에 추가해 보세요.

경보음 주파수를 출력할 때마다 '도둑' 변수의 값이 참인지 거짓인지 확인하는 이유가 뭐예요? '도둑' 변수가 '참'일 때만 경보음을 재생하면 되지 않을까요?

경보음을 구간 반복하는 중에 '도둑' 변수의 값이 '거짓'으로 바뀌었을 때, 바로 경보음 재생을 멈추기 위해서예요.

황금알을 낳는 거위

지은이 이솝

옛날 어느 마을에 농사를 짓는 할아버지와 할머니가 살고 있었어요. 할아버지와 할머니는 매일 새벽에 일어나서 일을 했지만 집이 너무 가난해서 일을 쉴 수가 없었어요.

> 휴, 힘들다. 매일 쉬지 않고 일을 하는 데도 집안 형편이 나아지질 않는구나.

그러던 어느 날 집에서 키우던 거위가 황금알을 낳았어요. 할아버지와 할머니는 펄쩍펄쩍 뛰며 기뻐했어요.

> 힘들게 일하는 우리를 위해서 거위가 황금알을 낳아 줬나 봐요.

앞으로 펼쳐질 이야기는

기본 거위가 황금알을 하루에 하나씩만 낳자 할머니는 거위가 더 많은 황금알을 낳게 하려고 꾀를 내요. 어떤 꾀를 냈을까요?

응용 새로운 물건을 계속 사서 황금알이 부족해지자 할아버지는 결국 거위의 배를 가르게 돼요. 거위는 어떻게 됐을까요?

※ **기본** 이야기는 '기본편' 교재에서 만날 수 있어요.

활동 **3**

할아버지의 후회

황금알을 팔아 새로운 물건을 계속 사다보니 황금알이 부족해졌어요.
그래서 할아버지는 거위의 뱃속에 황금알이 가득할거라 생각하고 거위의 배를 갈랐어요.

학습 목표

① 온도 센서로 주변 온도를 감지할 수 있습니다.

② OLED로 선을 출력할 수 있습니다.

핵심 장치

오늘은 욕심이 불러온 행동을 후회하는 할아버지의 이야기를 들려줄게.

온도 센서   OLED

마비, 오늘 들려줄 이야기는 뭐야?

거위의 뱃속이 텅 비어 있는 것을 확인한 할아버지는 울상이 되어 주저앉고 말았어요.
할머니는 우리의 욕심 때문이라며 훌쩍훌쩍 눈물을 흘리기 시작했어요.

거위야! 거위야! 미안하다.

늦지 않았어요. 거위를
살릴 방법을 생각해 봅시다.

❓ 할아버지와 할머니가 거위를 살릴 방법은 무엇일까요?

오늘의 할 일

마치 인공호흡을 하는 것처럼 입김을 불어 넣으면
심장이 뛰는 장치를 만들어 봅시다.

완성 작품

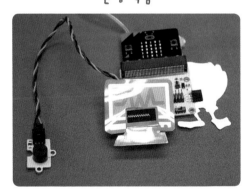

실행 화면

심장 모양

심전도 모양

오늘의 준비물

마이크로비트　　확장 보드　　USB 케이블

확장 보드　　건전지(AAA 2개)와　　OLED
연결 케이블　　건전지 케이스

버저　　모니터 도안　　거위 도안

2 음, 무엇을 알아야 하지?

이 시간에 배워야 할 장치를 알아봅시다.

❓ 호흡이 멈춘 거위를 살리려면 어떻게 해야 할까요?

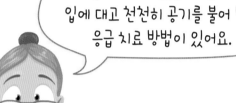

> 호흡이 정지되었을 때 환자의 입에 대고 천천히 공기를 불어 넣는 응급 치료 방법이 있어요.

> 빨리 거위한테 해 봅시다!

인공호흡

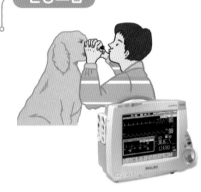

인공호흡은 턱과 입을 바람이 빠져나가지 않을 만큼 손으로 감싼 뒤, 입으로 바람을 넣어 주어 호흡할 수 있도록 하는 응급 처치입니다. 이때 '하'하고 입을 벌린 채 입김을 불어 넣으면 입안의 공기가 천천히 빠져나와 따뜻한 온도가 측정됩니다.

＊ **이번 활동에서는 거위에게 입김을 불어 넣었을 때 온도를 감지하기 위해 온도 센서를 사용합니다.**

❓ 온도 센서를 알아볼까요?

기능	 마이크로비트에 내장된 온도 센서는 마이크로비트의 CPU(중앙 처리장치) 온도를 측정합니다. 이때 CPU의 온도가 주변의 온도와 비슷하기 때문에 주변의 온도를 측정할 수 있습니다.
활용	 아날로그 온도계(위)와 디지털 온도계(아래)	아날로그 온도계는 온도값을 측정하여 눈금으로 표시되고, 디지털 온도계는 온도값을 측정하여 숫자로 표시됩니다. 마이크로비트의 온도값은 디지털 형태의 값으로 표현됩니다.

3 좋아, 시작해 볼까?

다음과 같이 회로를 연결한 뒤에 실험을 통해 결괏값을 확인해 봅시다.

❓ 회로 연결은 어떻게 할까요?

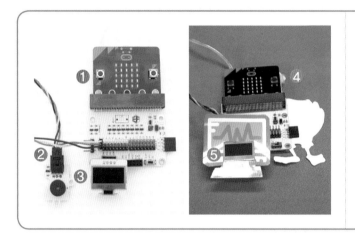

❶ 마이크로비트를 확장 보드에 꽂습니다.
❷ 확장 보드의 P0에 버저를 연결합니다.
❸ 확장 보드 I2C에 OLED를 연결합니다.
❹ 거위 도안의 입을 마이크로비트 뒷면의 온도 센서에 붙입니다.
❺ 모니터 도안의 화면 부분에 OLED가 보이도록 붙입니다.

❓ 실험해 볼까요?

마이크로비트로 현재 온도를 측정하고, 입김을 불어 넣었을 때의 온도를 측정해 봅시다.

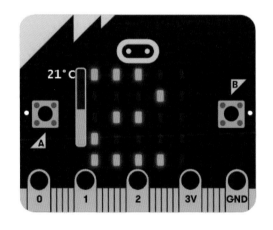

현재 온도	입김을 불어 넣었을 때의 온도

＊ 마이크로비트의 온도 센서에 입김을 불어 넣으면 온도가 (   ).

4 또, 무엇을 해야 하지?

프로그램을 작성하기 전에 동작 과정과 필요한 명령어를 살펴봅시다.

❓ 프로그램은 어떻게 동작할까요?

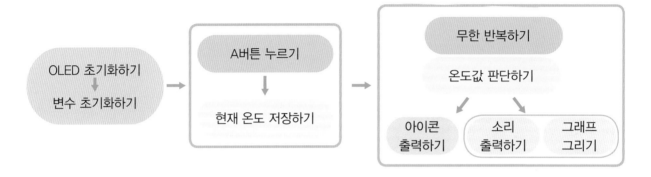

❓ 필요한 명령어는 무엇일까요?

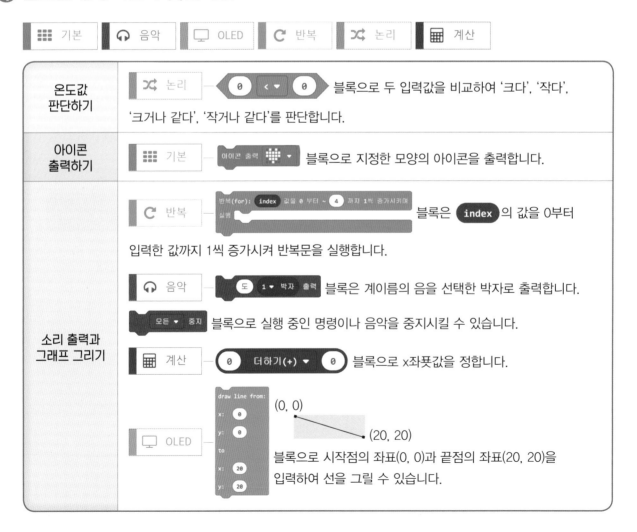

5 이제, 프로그래밍해 볼까?

앞에서 배운 명령어로 프로그램을 만들어 봅시다.

예제 주소: http://m.site.naver.com/0vXRW

✓ **준비하기** 에서 를 선택하여 '온도' 변수를 만듭니다.

✓ **프로그램 만들기**

1. LED 매트릭스에 출력하기

거위의 심장이 정지 상태일 때는 작은 하트를 출력하고, 입김을 불어 넣은 뒤에는 심장이 콩닥콩닥 뛰는 모습을 출력합니다.

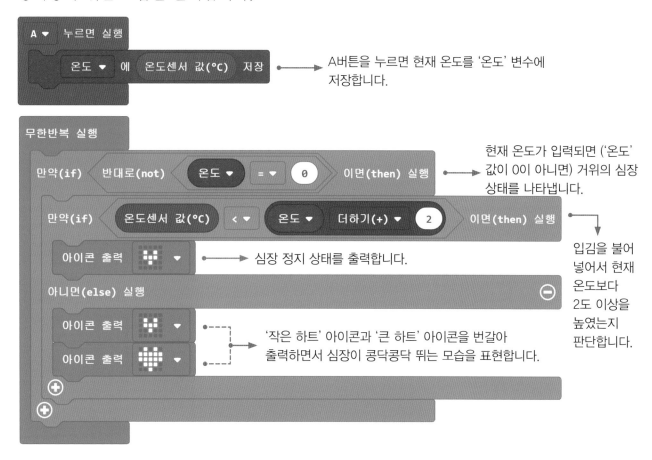

A버튼을 누르면 현재 온도를 '온도' 변수에 저장합니다.

현재 온도가 입력되면 ('온도' 값이 0이 아니면) 거위의 심장 상태를 나타냅니다.

심장 정지 상태를 출력합니다.

입김을 불어 넣어서 현재 온도보다 2도 이상을 높였는지 판단합니다.

'작은 하트' 아이콘과 '큰 하트' 아이콘을 번갈아 출력하면서 심장이 콩닥콩닥 뛰는 모습을 표현합니다.

2. OLED에 출력하기

거위의 심장이 뛰지 않은 상태일 때는 직선으로 출력하고, 심장이 뛸 때는 선을 지그재그로 그려 출력합니다.

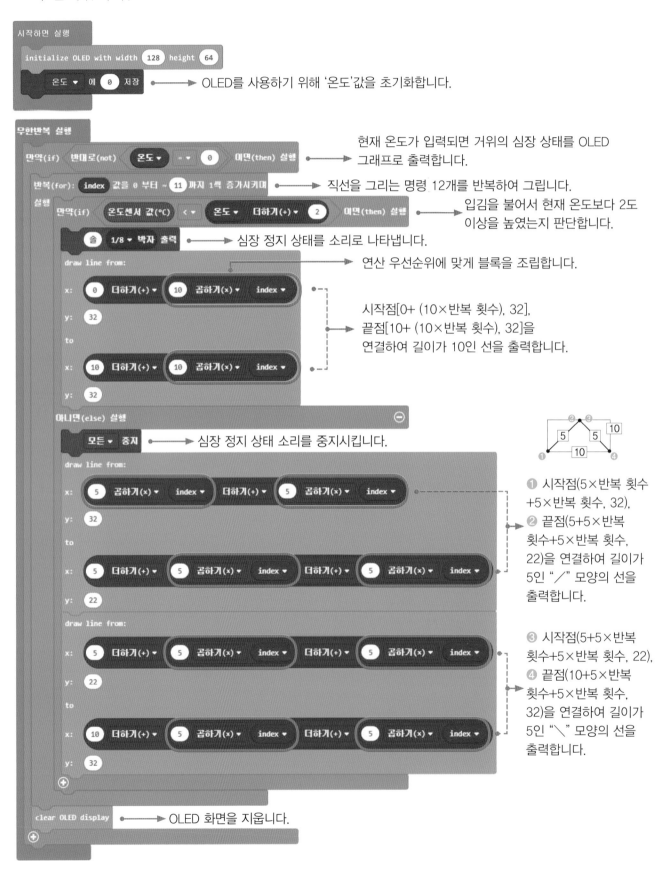

OLED를 사용하기 위해 '온도'값을 초기화합니다.

현재 온도가 입력되면 거위의 심장 상태를 OLED 그래프로 출력합니다.

직선을 그리는 명령 12개를 반복하여 그립니다.

입김을 불어서 현재 온도보다 2도 이상을 높였는지 판단합니다.

심장 정지 상태를 소리로 나타냅니다.

연산 우선순위에 맞게 블록을 조립합니다.

시작점[0+ (10×반복 횟수), 32], 끝점[10+ (10×반복 횟수), 32]을 연결하여 길이가 10인 선을 출력합니다.

심장 정지 상태 소리를 중지시킵니다.

❶ 시작점(5×반복 횟수 +5×반복 횟수, 32), ❷ 끝점(5+5×반복 횟수+5×반복 횟수, 22)을 연결하여 길이가 5인 "／" 모양의 선을 출력합니다.

❸ 시작점(5+5×반복 횟수+5×반복 횟수, 22), ❹ 끝점(10+5×반복 횟수+5×반복 횟수, 32)을 연결하여 길이가 5인 "＼" 모양의 선을 출력합니다.

OLED 화면을 지웁니다.

6 그럼, 잘 되는지 확인해 보자!

완성된 프로그램을 실행해 보고, 작동되지 않으면 ❗ 질문 있어요!를 확인해 봅시다.

❗ 확인해 보아요!

파일명을 입력한 다음, 저장하고 마이크로비트에 업로드합니다.

확인할 내용

❶ 거위의 심장이 정지 상태일 때 LED 매트릭스에 작은 하트가 출력되나요?
❷ 입김을 불어 넣으면 LED 매트릭스와 OLED에 거위의 심장이 뛰는 표시가 각각
   출력되나요?

결과

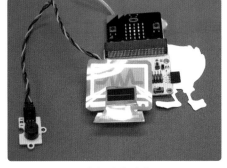
심장 정지 상태

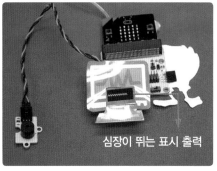
심장이 뛰는 표시 출력
심장 뛰는 표시

❗ 질문 있어요!

입김을 불어 넣지 않았는데, '큰 하트' 아이콘이 출력되어요.

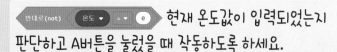

현재 온도값이 입력되었는지
판단하고 A버튼을 눌렀을 때 작동하도록 하세요.

심장이 뛸 때 OLED에 선이 지그재그 모양으로 나타나지 않아요.

❶ 시작점(5×반복 횟수+5×반복 횟수, 32)
❷ 끝점(5+5×반복 횟수+5×반복 횟수, 22)
❸ 시작점(5+5×반복 횟수+5×반복 횟수, 22)
❹ 끝점(10+5×반복 횟수+5×반복 횟수, 32)

시작점과 끝점의 좌표가 제대로 설정되었는지 확인해 보세요.

자, 같이 만들어 볼까?

회로와 도안을 연결하는 방법을 알아봅시다.

① 거위 도안과 모니터 도안을 준비합니다.

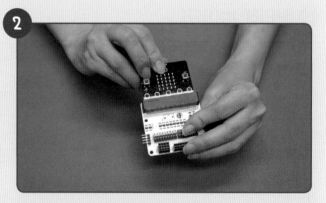

② 마이크로비트를 확장 보드에 꽂습니다.

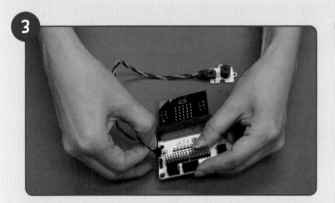

③ 확장 보드 P0와 버저를 연결 케이블로 연결합니다.

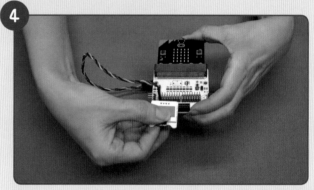

④ 확장 보드에 OLED를 연결합니다.

⑤ 거위 도안과 모니터 도안을 각각 온도 센서와 OLED가 보이도록 붙입니다.

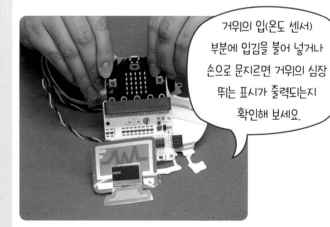

거위의 입(온도 센서) 부분에 입김을 불어 넣거나 손으로 문지르면 거위의 심장 뛰는 표시가 출력되는지 확인해 보세요.

헨젤과 그레텔

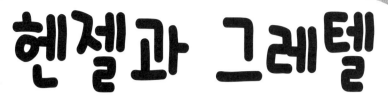

지은이 그림 형제

헨젤과 그레텔 은 가난하지만 사이좋은 남매로 아빠와 새엄마 를 도우며 열심히 살고 있었어요.

> 헨젤과 그레텔, 숲속에 가서 딸기 좀 따오렴.

새엄마 는 헨젤과 그레텔 이 장난치면서 집안을 어지럽히는 게 싫어 두 아이를 숲속으로 심부름을 보냈어요.

> 그레텔, 심부름을 빨리 하고 날이 어두워지기 전에 집으로 돌아가자.

헨젤과 그레텔 은 해가 지면서 날이 점점 어두워지기 전에 새엄마 의 심부름을 마치고 집으로 돌아가기 위해 부지런히 걸었어요.

앞으로 펼쳐질 이야기는

기본 헨젤과 그레텔이 깊은 숲속에서 길을 잃었을 때, 하얀 새가 헨젤과 그레텔을 무사히 집으로 돌아가게 해 줬어요. 하얀 새의 비밀은 무엇일까요?

응용 길을 잃은 헨젤과 그레텔이 배가 고파 과자 집을 뜯어 먹다 마녀에게 잡혔어요. 헨젤과 그레텔이 마녀로부터 도망치기 위해 선택한 방법은 무엇일까요?

※ **기본** 이야기는 '기본편' 교재에서 만날 수 있어요.

헨젤과 그레텔의 마녀 감지기

헨젤과 그레텔은 숲속을 헤매다 과자와 사탕으로 만든 과자 집을 발견했어요.
배가 고파진 남매가 과자 집을 마구 뜯어 먹는 사이 무서운 마녀가 나타났어요.

학습 목표

① 자기 세기값을 측정할 수 있습니다.

② 자기 세기값에 따라 다른 명령을 실행하는 프로그램을 만들 수 있습니다.

핵심 장치

오늘은 이 마녀에게
붙잡힌 헨젤과 그레텔의
이야기를 들려줄게

자기(나침반) 센서 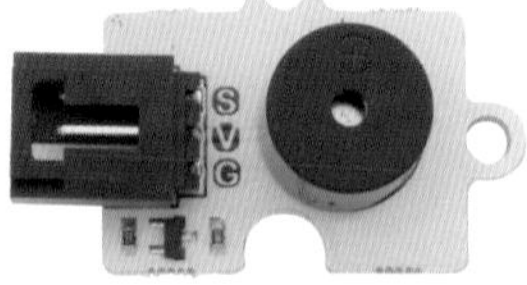   버저

마비, 오늘 들려줄 이야기는 뭐야?

마녀는 헨젤과 그레텔을 과자 집에 가두었어요. 그리고 헨젤을 살찌워 잡아먹기 위해
매일 헨젤의 팔을 더듬어 살이 쪘는지 확인했어요.

얼마나 살이 쪘는지
만져 보자.
팔을 내밀어 보거라.

눈이 나쁜 마녀가 점점 다가오고
있어. 팔 대신 뼈다귀를 내밀어
마녀를 속이자.

❓ 헨젤이 마녀에게 뼈다귀를 내밀려면 마녀가 다가오는 것을 미리 알아야만
해요. 마녀가 가까이 오는 것을 어떻게 알 수 있을까요?

오늘의 할 일

자기 센서를 이용하여 자석을 몸에 지닌 마녀를
감지하는 마녀 감지기를 만들어 봅시다.

완성 작품

실행 화면

마녀 없음.

└─ 마녀 등장 ─┘

오늘의 준비물

마이크로비트　　확장 보드　　USB 케이블

확장 보드　　건전지(AAA 2개)와　　버저
연결 케이블　　건전지 케이스

자석　　마녀 감지기 도안

음, 무엇을 알아야 하지?

이 시간에 배워야 할 장치를 알아봅시다.

❓ 자기 세기는 무엇인가요?

> 아이고, 내가 속았네. 내가 다가오고 있는 걸 어떻게 미리 알 수 있었니?

> 자석을 가진 마녀 할머니가 우리 곁으로 오면 자석의 세기가 커진다는 사실을 이용한 거죠.

자기 세기 크기

자석과 자석, 자석과 금속 사이에 작용하는 힘을 자기력이라고 합니다. 자기력의 크기는 자석의 세기가 클수록, 두 자석 사이의 거리가 가까울수록, 그리고 자석의 양 끝에서 가장 큽니다.

＊ 이번 활동에서는 자석을 지닌 마녀가 다가오는 것을 알려 주는 마녀 감지기를 만들기 위해 자기 센서를 사용합니다.

❓ 자기 센서를 알아볼까요?

보정 시 주의할 점	 나침반(자기) 센서	자기(나침반) 센서 보정은 프로그램을 업로드하고 처음 실행할 때 한 번만 실행됩니다. 프로그램이 실행될 때 보정을 하도록 코딩할 수도 있습니다. 새 프로그램을 업로드하면 메모리에 기억된 내용이 지워지므로 다시 보정해 주어야 하며, 보정할 때 주변에 금속 물체가 있으면 정확한 각도값을 알기 어려우므로 주의해야 합니다.
활용 사례	 상품 도난 방지 시스템	대형 마트나 도서관의 도서 분실 방지 태그는 자기장의 변화를 활용한 사례입니다. 상품이나 책에 붙어 있는 자기 테이프를 제거하지 않고(자석의 성질을 없애지 않고) 그냥 통과하면, 시스템이 이를 감지해서 경보음이 울리게 됩니다.

3 좋아, 시작해 볼까?

다음과 같이 회로를 연결한 뒤에 실험을 통해 결괏값을 기록해 봅시다.

❓ 회로 연결은 어떻게 할까요?

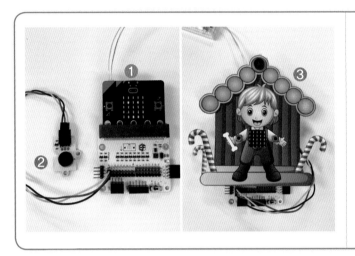

❶ 마이크로비트를 확장 보드에 꽂습니다.

❷ 확장 보드 P0에 버저를 연결합니다.

버저	확장 보드
■ S	■ S
■ V	■ 3V3
■ G	■ G

❸ 마녀 감지기 도안을 회로에 씌웁니다.

❓ 실험해 볼까요?

마이크로비트에 자석을 가까이 했을 때와 멀리 했을 때 자기 센서값의 변화를 기록해 봅시다.

주변에 자석이 없을 때	주변에 자석이 있을 때	
	자석이 가까이 있을 때	자석이 멀리 있을 때

＊ 자석이 가까이 있을 때 자기 센서값은 (   )지고, 멀리 있을 때 자기 센서값은
(   )진다.

4 또, 무엇을 해야 하지?

프로그램을 작성하기 전에 동작 과정과 필요한 명령어를 살펴봅시다.

❓ 프로그램은 어떻게 동작할까요?

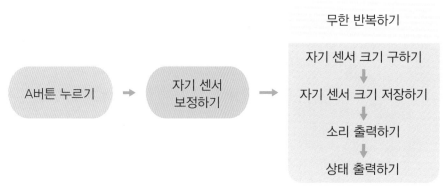

❓ 필요한 명령어는 무엇일까요?

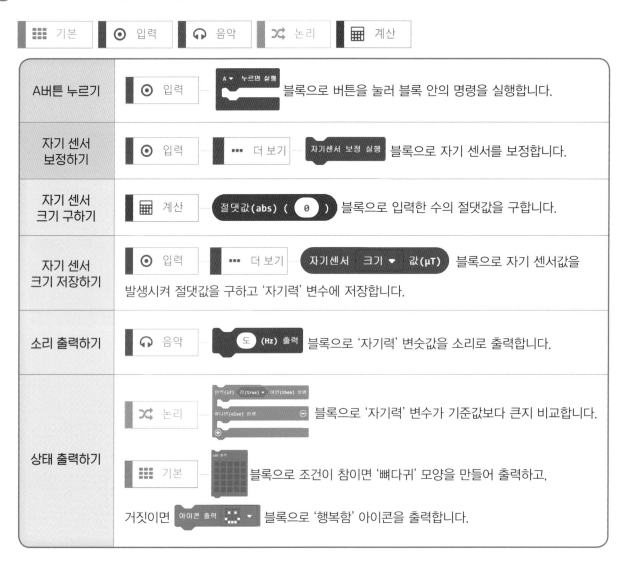

5 이제, 프로그래밍해 볼까?

앞에서 배운 명령어로 프로그램을 만들어 봅시다.

예제 주소: http://m.site.naver.com/0vXZy

✓ **준비하기**  에서 [변수 만들기...] 를 선택하여 '자기력' 변수를 만듭니다.

✓ **프로그램 만들기**

자기 세기(자기력) 크기가 커질수록 경보음이 높아지며, 뼈다귀 모양을 출력합니다.

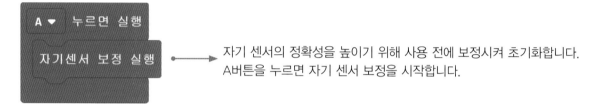

A ▼ 누르면 실행

자기센서 보정 실행 ─→ 자기 센서의 정확성을 높이기 위해 사용 전에 보정시켜 초기화합니다.
A버튼을 누르면 자기 센서 보정을 시작합니다.

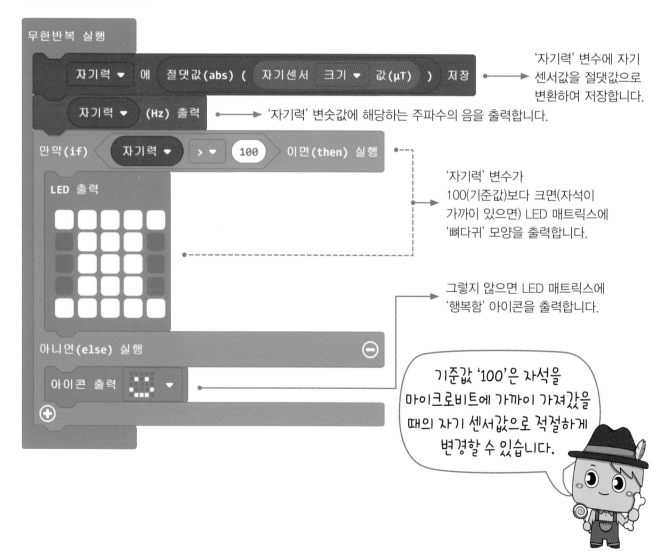

무한반복 실행

자기력 ▼ 에 절댓값(abs) (자기센서 크기 ▼ 값(µT)) 저장 ─→ '자기력' 변수에 자기 센서값을 절댓값으로 변환하여 저장합니다.

자기력 ▼ (Hz) 출력 ─→ '자기력' 변숫값에 해당하는 주파수의 음을 출력합니다.

만약(if) (자기력 ▼ > ▼ 100) 이면(then) 실행

LED 출력

'자기력' 변수가 100(기준값)보다 크면(자석이 가까이 있으면) LED 매트릭스에 '뼈다귀' 모양을 출력합니다.

그렇지 않으면 LED 매트릭스에 '행복함' 아이콘을 출력합니다.

아니면(else) 실행

아이콘 출력 ▼

기준값 '100'은 자석을 마이크로비트에 가까이 가져갔을 때의 자기 센서값으로 적절하게 변경할 수 있습니다.

6 그럼, 잘 되는지 확인해 보자!

완성된 프로그램을 실행해 보고, 작동되지 않으면 ❶질문 있어요!를 확인해 봅시다.

❗ 확인해 보아요!

파일명을 입력한 다음, 저장하고 마이크로비트에 업로드합니다.

확인할 내용

❶ 마이크로비트의 자기 센서를 잘 보정했나요?

❷ 자석이 마이크로비트와 가까워질수록 경보음이 높아지나요?

❸ 자석이 마이크로비트와 가까워지면 LED 매트릭스에 뼈다귀 모양이 출력되나요?

결과

자석이 멀리 떨어져 있을 때

└─ 자석이 가까이 있을 때 ─┘

❗ 질문 있어요!

자석을 마이크로비트에 가까이 가져갔는데 반응이 없어요.

'자기력' 변수와 기준값을 비교하는 부분에서 부등호 방향이 잘못되지 않았는지 확인해 봐요.

'자기력' 변수에 값을 저장할 때 절댓값(abs) (0) 블록을 사용하는 이유는 무엇인가요?

자기 세기값은 자석의 극성(N, S극)에 따라 음수나 양수 모두 될 수 있어요. 그래서 자기 센서값의 크기만을 비교하기 위해 절댓값을 사용하는 거예요. 예를 들면 −100과 100의 절댓값은 모두 100이예요.

도깨비방망이

전래 동화

어느 날 산에서 나무를 하는 나무꾼 앞으로 개암 네 개 ●●●●가 또르르 굴러왔어요.

> 우리 아버지, 어머니, 형님에게 개암을 가져다 드리고 나머지 한 개는 내가 먹어야겠다.

착한 나무꾼은 날이 어두워지자 어느 빈집으로 들어가 하룻밤을 보내기로 했어요. 늦은 밤이 되자 갑자기 빈집에 도깨비들이 몰려오기 시작했어요.

> 금 나와라 뚝딱! 은 나와라 뚝딱!

도깨비들이 방망이를 땅에 내리치자 온갖 보석이 마구 쏟아져 나오기 시작했어요. 신기한 광경에 넋이 나간 나무꾼은 갑자기 배가 고파졌어요. 그는 개암 한 개를 꺼내 있는 힘껏 깨물었어요.

앞으로 펼쳐질 이야기는

기본 도깨비들은 나무꾼이 개암을 깨문 소리가 집이 무너지는 소리인 줄 알고 도깨비방망이를 내팽개친 채 멀리 달아나 버렸어요. 도깨비방망이는 어떻게 되었을까요?

응용 도깨비들은 이제 다시는 속아 넘어가지 않겠다고 다짐했어요. 도깨비를 속이려는 욕심쟁이 형은 과연 어떻게 되었을까요?

※ **기본** 이야기는 '기본편' 교재에서 만날 수 있어요.

도깨비방망이를 지켜라!

욕심쟁이 형은 도깨비방망이로 부자가 된 나무꾼 동생의 소식을 전해 듣고,
곧장 주머니에 개암을 챙겨 넣어 도깨비집으로 향했어요.

학습 목표

① 충돌 센서의 핀 연결 상태를 확인하고, 값의 변화에 따라 LED를 켜고
끌 수 있습니다.

② 가속도 센서로 수평 여부를 확인할 수 있습니다.

핵심 장치

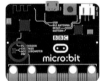

충돌 센서   가속도 센서   LED(빨강)

오늘은 방망이를 지키고
싶은 도깨비들의
이야기를 들려줄게.

마비, 오늘 들려줄 이야기는 뭐야?

꽁꽁 숨어 있던 욕심쟁이 형은 도깨비들을 놀래키려고 개암을 힘껏 깨물었어요.
하지만 도깨비들은 속지 않았고, 형을 아래로 끌어내 실컷 두들겨 패주었어요.

네가 우리 방망이를
가져간 놈이구나.

아니에요, 그건 오해예요.
살려 주세요.

❓ 사람들이 다시는 도깨비방망이를 훔쳐가지 못하도록 방망이를 지킬 수 있는
장치를 만들려면 어떻게 해야 할까요?

오늘의 할 일

충돌 센서 버튼을 누르고 있던 물건을 들어 올렸을
때 충돌 센서값의 변화를 감지하는 도난 방지 알람
장치를 만들어 봅시다.

완성 작품

실행 화면

경비 시작   도둑 침입

오늘의 준비물

마이크로비트   확장 보드   USB 케이블

확장 보드   건전지(AAA 2개)와   충돌 센서
연결 케이블(2개)   건전지 케이스

LED   종이 상자   도깨비 도안

2 음, 무엇을 알아야 하지?

이 시간에 배워야 할 장치를 살펴봅시다.

❓ 도깨비방망이가 없어진 것을 어떻게 감지할 수 있을까요?

> 방망이에 눌려 있던 충돌 센서의 스위치가 열리는 순간 알람 장치가 작동하지.

> 도깨비방망이를 훔쳐가기는 어렵겠군.

외부 침입 감지 장치

외부 침입자가 문을 열었을 때 비상벨이 울리는 장치는 문이 닫혔을 때와 열렸을 때의 스위치 연결이 끊어지거나 이어지는 상태의 변화를 감지하여 작동합니다.

＊ 이번 활동에서는 도난 상황을 알려 주는 장치를 만들기 위해 충돌 센서를 사용합니다.

❓ 충돌 센서는 어디에 활용될까요?

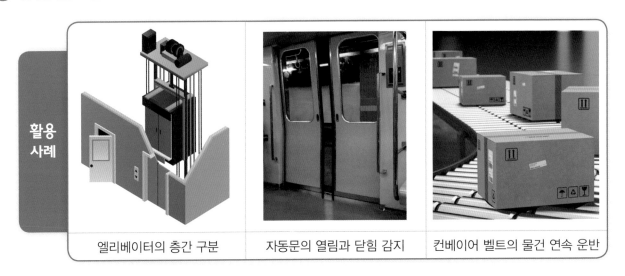

| 활용
사례 | 엘리베이터의 층간 구분 | 자동문의 열림과 닫힘 감지 | 컨베이어 벨트의 물건 연속 운반 |

3 좋아, 시작해 볼까?

다음과 같이 회로를 연결한 뒤에 실험을 통해 결과를 확인해 봅시다.

❓ 회로 연결은 어떻게 할까요?

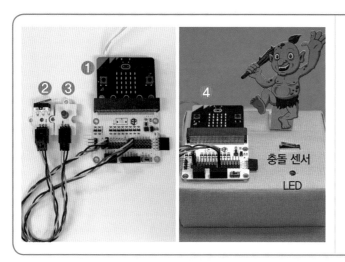

❶ 마이크로비트를 확장 보드에 꽂습니다.

❷ 확장 보드 P1에 충돌 센서를 연결합니다.

❸ 확장 보드 P8에 LED를 연결합니다.

LED	확장 보드
■ Ⓢ	■ S
■ Ⓥ	■ 3V3
■ Ⓖ	■ G

❹ 상자 왼쪽 윗부분에 확장 보드를 붙이고, 그 옆에 충돌 센서와 LED를 연결합니다.

❓ 실험해 볼까요?

마이크로비트를 기울여가며 가속도 센서값의 변화를 측정해 봅시다.

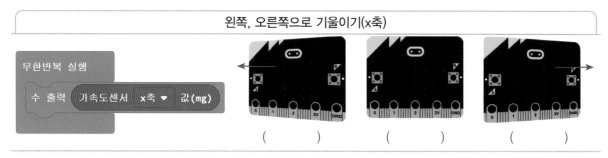

왼쪽, 오른쪽으로 기울이기(x축)

무한반복 실행

수 출력   가속도센서   x축 ▼   값(mg)

(   )   (   )   (   )

＊ 가속도 센서 x축의 값은 왼쪽으로 기울일수록 (   )집니다.

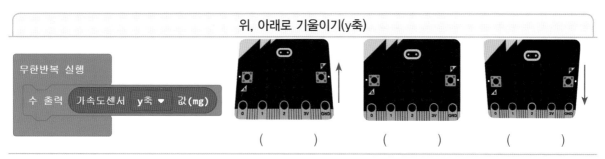

위, 아래로 기울이기(y축)

무한반복 실행

수 출력   가속도센서   y축 ▼   값(mg)

(   )   (   )   (   )

＊ 가속도 센서 y축의 값은 위쪽으로 기울일수록 (   ) 집니다.

가속도 센서 x와 y축의 범위는 (   ) ~ (   )입니다.

④ 또, 무엇을 해야 하지?

프로그램을 작성하기 전에 동작 과정과 필요한 명령어를 살펴봅시다.

❓ 프로그램은 어떻게 동작할까요?

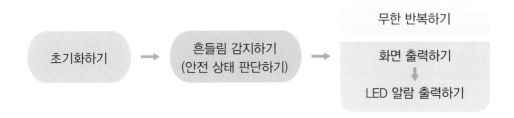

❓ 필요한 명령어는 무엇일까요?

5 이제, 프로그래밍해 볼까?

앞에서 배운 명령어로 프로그램을 만들어 봅시다.

예제 주소: http://m.site.naver.com/0vY1N

✓ **준비하기** 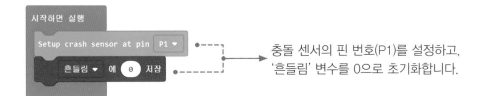 에서 **변수 만들기...** 를 선택하여 '흔들림' 변수를 만듭니다.

✓ **프로그램 만들기**

도깨비방망이를 제거하면 충돌 센서의 상태 변화에 따라 LED가 깜빡입니다.

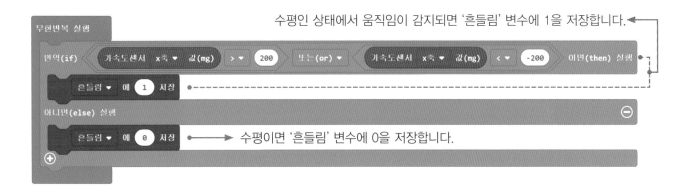

충돌 센서의 핀 번호(P1)를 설정하고,
'흔들림' 변수를 0으로 초기화합니다.

수평인 상태에서 움직임이 감지되면 '흔들림' 변수에 1을 저장합니다.

수평이면 '흔들림' 변수에 0을 저장합니다.

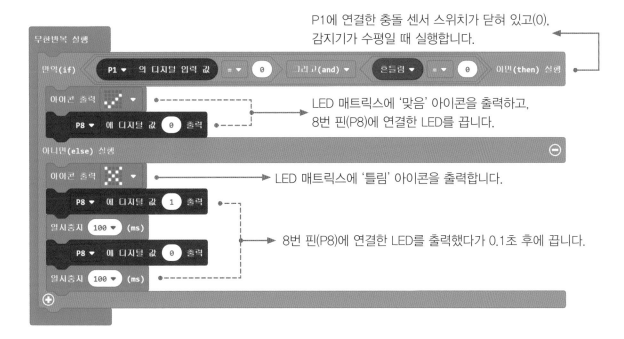

P1에 연결한 충돌 센서 스위치가 닫혀 있고(0),
감지기가 수평일 때 실행합니다.

LED 매트릭스에 '맞음' 아이콘을 출력하고,
8번 핀(P8)에 연결한 LED를 끕니다.

LED 매트릭스에 '틀림' 아이콘을 출력합니다.

8번 핀(P8)에 연결한 LED를 출력했다가 0.1초 후에 끕니다.

6 그럼, 잘 되는지 확인해 보자!

완성된 프로그램을 실행해 보고, 작동되지 않으면 ❗ 질문 있어요!를 확인해 봅시다.

❗ 확인해 보아요!

파일명을 입력한 다음, 저장하고 마이크로비트에 업로드합니다.

확인할 내용

❶ 물건이 제자리에 있을 때 LED 매트릭스에 '맞음' 아이콘이 출력되나요?
❷ 물건을 들어 올렸을 때 LED 매트릭스에 '틀림' 아이콘이 출력되면서 LED가 깜빡이나요?

결과

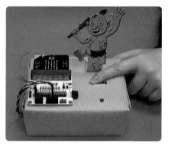

물건이 제자리에 있을 때
(충돌 센서 스위치를 눌렀을 때)

물건을 들어 올렸을 때
(충돌 센서 스위치를 뗏을 때)

충돌 센서 스위치가 눌릴 수 있는 무게와 형태의 물건을 올려 두어야 해요.

❗ 질문 있어요!

가속도 센서 x축의 값이 0이 아닐 때 '흔들림' 변수를 1로 저장해야 하는 것 아닌가요?

마이크로비트가 수평이더라도 가속도 센서 x축의 값이 정확하게 0이 되기는 어렵기 때문에, x축의 값의 범위를 조금 넓게 설정해야 해요.

물건을 도둑맞으면 소리로도 알려 줬으면 좋겠어요.

P0에 버저를 연결하고, 도난 상황 시 LED가 깜빡이는 명령 다음에 원하는 음을 출력하도록  블록을 추가해 봐요.

크리스마스 캐럴

지은이 찰스 디킨스

스크루지는 굽은 매부리코, 움푹 들어간 뺨, 뻣뻣한 걸음걸이, 충혈된 눈, 얇은 입술, 그리고 귀에 거슬리는 목소리를 가진, 생김새부터가 인색하기 짝이 없는 사람이에요. 생김새처럼 그는 지독한 구두쇠라서 가난한 이웃을 위한 모금에도 굶어 죽든 말든 관심 없다고 외면하고, "메리 크리스마스"라는 인사에도 버럭 소리만 질렀어요.

> 크리스마스가 뭐라고 왜 다들 들뜨고 난리야.

스크루지는 싸늘한 냉기가 흐르는 사무실에 들어갔어요. 그곳에는 그의 직원 한 명만이 자리에 앉아 있었어요.

> 메리 크리스마스, 사장님.

앞으로 펼쳐질 이야기는

기본 스크루지의 사무실이 너무나 추워서 직원이 일을 할 수 없다고 해요. 어떻게 도와줄까요?

응용 자신의 잘못된 행동을 뉘우친 스크루지는 주변 사람들에게 미안한 마음을 전하려고 해요. 어떤 방법을 사용할까요?

※ **기본** 이야기는 '기본편' 교재에서 만날 수 있어요.

반짝이는 크리스마스카드

스크루지가 자신의 잘못된 행동을 후회하며 진심으로 반성하자 그동안 괴롭혔던 유령이 사라졌어요. 그리고 스크루지는 자신을 초대한 조카와 크리스마스를 보내기 위해 그의 집에 가려고 해요.

학습 목표

❶ LED를 켜고 끌 수 있습니다.

❷ LED가 반짝이는 속도를 시간에 따라 다르게 제어할 수 있습니다.

핵심 장치

오늘은 자신의 행동을 반성하는 스크루지의 이야기를 들려줄게.

LED(빨강)　　LED(파랑)　　LED(초록)

마비, 오늘 들려줄 이야기는 뭐야?

자신의 잘못된 행동을 뉘우친 스크루지는 자신을 초대한 조카에게 고마운 마음을 전하고 싶었어요.

나의 마음을 전하고 싶은데 어떤 방법이 좋을까요?

진심을 전하는 데는 카드만큼 좋은 건 없지!

❓ 스크루지의 마음을 전할 수 있는 크리스마스카드를 만들어 볼까요?

오늘의 할 일

반짝이는 속도를 조절할 수 있는 LED 장치가 부착된 크리스마스카드를 만들어 봅시다.

완성 작품

실행 화면

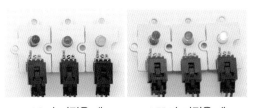

LED가 꺼졌을 때   LED가 켜졌을 때

오늘의 준비물

마이크로비트   확장 보드   USB 케이블

확장 보드 연결 케이블   건전지(AAA 2개)와 건전지 케이스   LED(빨강)

LED(파랑)

카드 도안   LED(초록)

2 음, 무엇을 알아야 하지?

이 시간에 배워야 할 장치를 알아봅시다.

❓ 크리스마스카드를 어떻게 만들까요?

조카가 좋아할 만한 멋진 크리스마스카드를 만들면 좋겠어요.

LED를 연결하면 반짝이는 크리스마스카드를 만들 수 있어요

크리스마스트리 전구(LED)

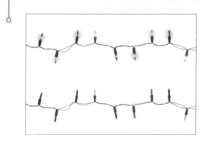

크리스마스트리에 장식하는 전구는 LED를 '켰다', '껐다'하는 시간 간격을 달리하여 경쾌한 크리스마스 분위기를 느끼게 합니다.

＊ 이번 활동에서는 크리스마스 분위기를 표현하기 위해 빨강, 파랑, 초록의 LED를 사용합니다.

❓ LED의 색 표현 방법을 알아볼까요?

기능		전류가 흐를 때 전기 에너지를 빛 에너지로 바꾸는 장치를 LED라고 합니다. 빨강, 파랑, 초록 LED는 각각의 색을 표현할 수 있습니다.
활용		빛의 혼합에서는 빨강, 파랑, 초록을 섞으면 명도(색의 밝고 어두운 정도)가 높아지기 때문에 흰색이 됩니다. 즉 빛은 섞이면 섞일수록 밝아집니다. 빛의 삼원색 원리를 이용하면 한 전구에 빨강, 파랑, 초록빛을 섞어 다양한 색을 표현할 수 있습니다

③ 좋아, 시작해 볼까?

다음과 같이 회로를 연결한 뒤에 실험을 통해 결괏값을 기록해 봅시다.

❓ 회로 연결은 어떻게 할까요?

❶ 마이크로비트를 확장 보드에 꽂습니다.
❷ LED(빨강)를 P0에 연결합니다.
❸ LED(파랑)를 P1에 연결합니다.
❹ LED(초록)를 P2에 연결합니다.
❺ 크리스마스트리의 구멍에 LED를 연결합니다.

❓ 실험해 볼까요?

시간 간격을 다르게 설정하여 LED를 '켰다', '껐다'하는 모습을 관찰해 보고, 관찰한 모습과 같은 것을 [보기]에서 찾아 표의 빈칸에 번호를 적어 봅시다.

[보기]
❶ 빠르게 '켜졌다', '꺼졌다'를 반복한다.
❷ 0.5초 간격일 때 천천히 '켜졌다', '꺼졌다'를 반복한다.
❸ 계속 켜져 있는 것 같다.

0.1초 간격일 때	0.5초 간격일 때	1초 간격일 때
		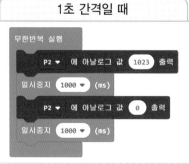

④ 또, 무엇을 해야 하지?

프로그램을 작성하기 전에 동작 과정과 필요한 명령어를 살펴봅시다.

❓ 프로그램은 어떻게 동작할까요?

❓ 필요한 명령어는 무엇일까요?

⑤ 이제, 프로그래밍해 볼까?

앞에서 배운 명령어로 프로그램을 만들어 봅시다.

예제 주소: http://m.site.naver.com/0vY4E

✔ **준비 하기**  에서 변수 만들기... 를 선택하여 '시간', '빛' 변수를 만듭니다.

✔ **프로그램 만들기**

1. LED가 깜박이는 시간 설정하기

빛 센서값이 20보다 크면 1초 간격으로 빨강, 파랑, 초록 LED를 깜박이게 합니다.

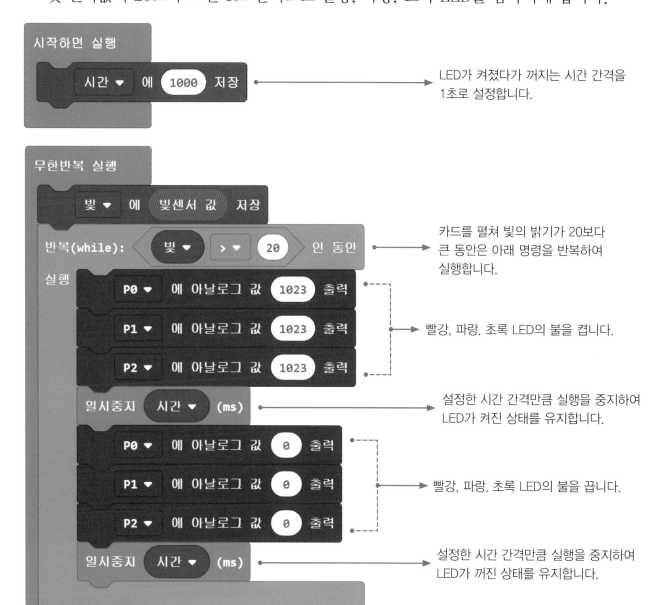

LED가 켜졌다가 꺼지는 시간 간격을 1초로 설정합니다.

카드를 펼쳐 빛의 밝기가 20보다 큰 동안은 아래 명령을 반복하여 실행합니다.

빨강, 파랑, 초록 LED의 불을 켭니다.

설정한 시간 간격만큼 실행을 중지하여 LED가 켜진 상태를 유지합니다.

빨강, 파랑, 초록 LED의 불을 끕니다.

설정한 시간 간격만큼 실행을 중지하여 LED가 꺼진 상태를 유지합니다.

2. LED가 깜박이는 시간 간격 설정하기

A버튼을 누르면 천천히, B 버튼을 누르면 빠르게, A+B 버튼을 누르면 처음 상태로 LED에 불이 켜지도록 합니다.

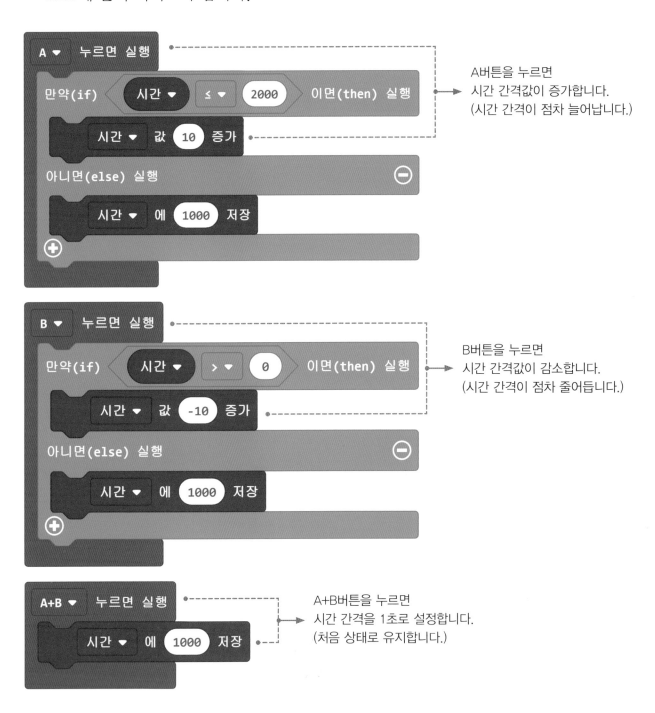

A버튼을 누르면
시간 간격값이 증가합니다.
(시간 간격이 점차 늘어납니다.)

B버튼을 누르면
시간 간격값이 감소합니다.
(시간 간격이 점차 줄어듭니다.)

A+B버튼을 누르면
시간 간격을 1초로 설정합니다.
(처음 상태로 유지합니다.)

6 그럼, 잘 되는지 확인해 보자!

완성된 프로그램을 실행해 보고, 작동되지 않으면 ❶ 질문 있어요!를 확인해 봅시다.

❶ 확인해 보아요!

파일명을 입력한 다음, 저장하고 마이크로비트에 업로드합니다.

확인할 내용

❶ A버튼을 누를 때마다 LED가 켜졌다 꺼지는 시간 간격이 늘어나나요?
❷ B버튼을 누를 때마다 LED가 켜졌다 꺼지는 시간 간격이 줄어드나요?
❸ A+B버튼을 누르면 LED가 켜졌다 꺼지는 시간 간격이 1초로 유지되나요?

결과

LED가 꺼졌을 때   LED가 켜졌을 때

❶ 질문 있어요!

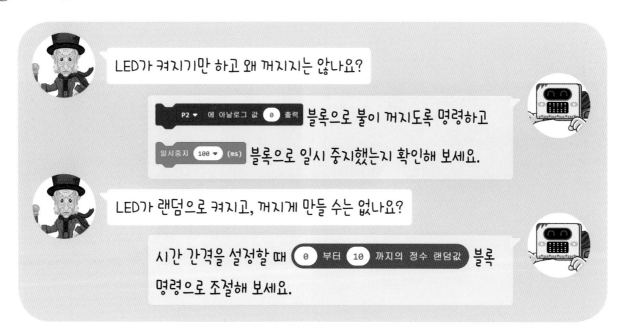

자, 같이 만들어 볼까?

회로와 도안을 연결하는 방법을 알아봅시다.

1

크리스마스카드 도안을 준비합니다.

2

크리마스카드를 만듭니다.

3

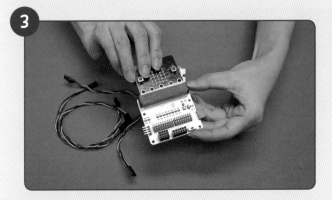

마이크로비트를 확장 보드에 꽂습니다.

4

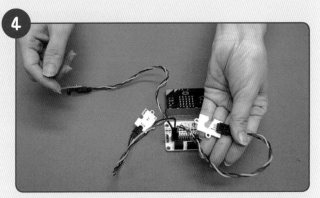

LED(빨강)를 P0, LED(파랑)를 P1, LED(초록)를 P2에 각각 연결합니다.

5

미리 뚫어 놓은 크리스마스트리 도안의 구멍에 3개의 LED를 연결합니다.

A, B, A+B버튼을 누를 때마다 LED가 켜졌다 꺼지는 시간 간격이 달라지는지 확인해 보세요.

어린 왕자

지은이 **생텍쥐페리**

나 는 어린 시절 화가가 되고 싶었던 비행사예요. 나는 비행 중 사막 한가운데로 불시착하게 되었는데, 그곳에서 자신을 어린 왕자라고 소개하는 한 소년을 만나게 되었어요.

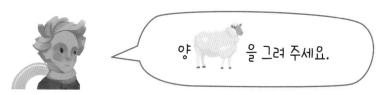

양 을 그려 주세요.

어린 왕자 의 요구에 나는 잠시 당황했지만, 곧장 양을 그려 주었어요. 하지만 그는 숫양이라는 이유로, 양이 늙어 보인다는 이유로 계속 퇴짜를 놓았어요.

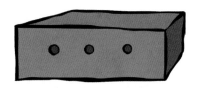

자, 그렇다면 이 상자 속에 들어 있는 양은 어떠니?

어린 왕자 는 그제야 활짝 웃음을 지어 보이며, 상자 속에 들어 있는 작은 양 그림을 마음에 들어 했어요.

앞으로 펼쳐질 이야기는

기본 어린 왕자는 나에게 자신의 작은 별에 대해 이야기하기 시작했어요. 작은 별을 사랑하는 어린 왕자가 별을 지키기 위해 하려는 일은 무엇일까요?

응용 어린 왕자의 작은 별에는 욕심쟁이 장미꽃이 살았어요. 장미꽃이 매일 자신을 정성스레 돌보는 어린 왕자에게 심술을 부리자, 어린 왕자는 작은 별을 떠나기로 결심했어요. 장미꽃의 운명은 어떻게 될까요?

※ **기본** 이야기는 '기본편' 교재에서 만날 수 있어요.

장미꽃 돌보기

평화를 되찾은 작은 별에 장미꽃이 태어났어요. 어린 왕자는 정성을 다해 장미꽃을 돌보았지만 심술쟁이 장미꽃은 어린 왕자를 지치게 했어요.
결국 어린 왕자는 자신의 별을 떠나 다른 별을 여행하기로 마음 먹었어요.

학습 목표

① 버튼 키패드를 이용하여 식물 돌보기 게임을 만들 수 있습니다.

② 변숫값의 범위에 따라 다양한 모양을 LED 매트릭스에 출력할 수 있습니다.

오늘은 별에 혼자 남은 장미꽃의 이야기를 들려줄게.

핵심 장치

버튼 키패드

마비, 오늘 들려줄 이야기는 뭐야?

여행을 떠나는 날 어린 왕자는 마지막으로 장미꽃에 물을 주고, 꽃잎이 상하지 않게 유리 덮개를 씌워 주었어요. 어린 왕자의 눈에 눈물이 맺혔어요.

잘 있어……

미안해. 내가 어리석었어. 날 용서해 줘.

❓ 홀로 남은 장미꽃이 시들지 않도록 돌볼 수 있는 방법은 무엇일까요?

오늘의 할 일

장미꽃의 기분을 살펴 시들지 않도록 보살피는 식물 돌보기 게임을 만들어 봅시다.

완성 작품

실행 화면

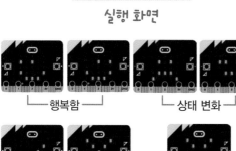

└─ 행복함 ─┘   └─ 상태 변화 ─┘

맞음.   틀림.   게임 종료

오늘의 준비물

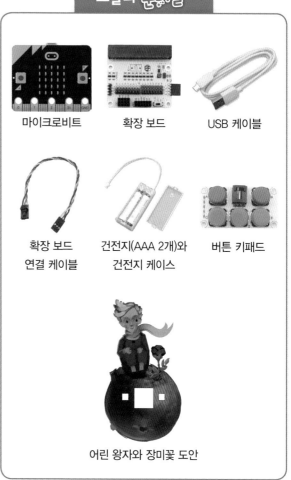

마이크로비트   확장 보드   USB 케이블

확장 보드   건전지(AAA 2개)와   버튼 키패드
연결 케이블   건전지 케이스

어린 왕자와 장미꽃 도안

2 음, 무엇을 알아야 하지?

이 시간에 배워야 할 장치를 알아봅시다.

❓ 가상으로 식물을 돌보는 게임이 있다는데, 그 게임은 무엇인가요?

네 표정을 보니 지금 배가 고픈가 보다. 빨리 물을 줄게.

난 진짜 꽃은 아니지만 신경써 줘서 고마워. 이제는 행복해.

가상 식물 재배 게임

게임을 통해 진짜가 아닌 가상으로 작물을 재배할 수 있는 게임입니다. 실제 농사를 짓듯이 지속적으로 관심을 가지고 정성껏 돌보아야 좋은 수확물을 얻을 수 있습니다.

＊ 이번 활동에서는 홀로 남은 장미꽃을 돌보는 게임을 만들기 위해 버튼 키패드를 사용합니다.

❓ 버튼 키패드는 어디에 활용될까요?

활용 사례		

게임 컨트롤러		컴퓨터 키보드

③ 좋아, 시작해 볼까?

다음과 같이 회로를 연결한 뒤에 실험을 통해 결괏값을 기록해 봅시다.

❓ 회로 연결은 어떻게 할까요?

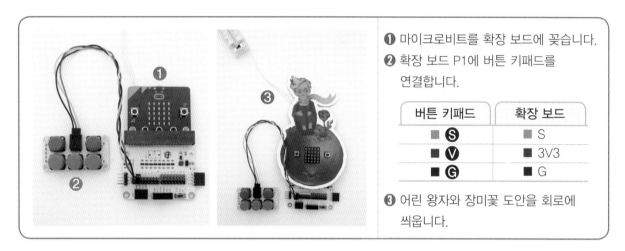

❶ 마이크로비트를 확장 보드에 꽂습니다.

❷ 확장 보드 P1에 버튼 키패드를 연결합니다.

버튼 키패드	확장 보드
■ Ⓢ	■ S
■ Ⓥ	■ 3V3
■ Ⓖ	■ G

❸ 어린 왕자와 장미꽃 도안을 회로에 씌웁니다.

❓ 실험해 볼까요?

확장 보드 P1에 버튼 키패드를 연결하고, 버튼을 눌렀을 때 출력되는 결과를 적어 봅시다.

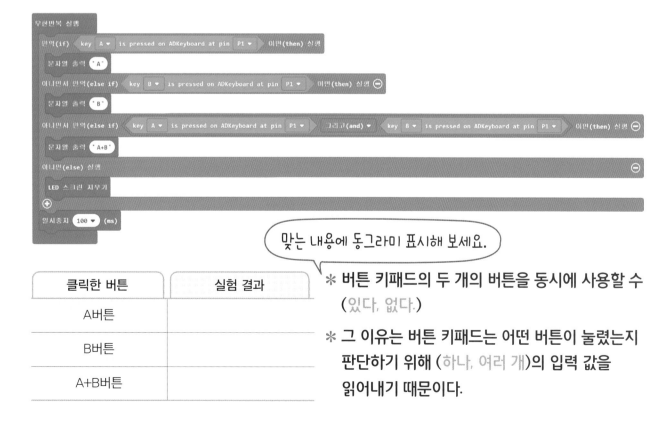

클릭한 버튼	실험 결과
A버튼	
B버튼	
A+B버튼	

맞는 내용에 동그라미 표시해 보세요.

＊ 버튼 키패드의 두 개의 버튼을 동시에 사용할 수 (있다, 없다.)

＊ 그 이유는 버튼 키패드는 어떤 버튼이 눌렸는지 판단하기 위해 (하나, 여러 개)의 입력 값을 읽어내기 때문이다.

4 또, 무엇을 해야 하지?

프로그램을 작성하기 전에 동작 과정과 필요한 명령어를 살펴봅시다.

❓ 프로그램은 어떻게 동작할까요?

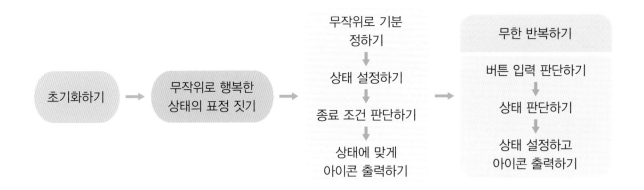

❓ 필요한 명령어는 무엇일까요?

| 기본 | 논리 | 변수 | 계산 | </> Tinkercademy | 게임 |

초기화하기	변수	상태 ▼ 에 0 저장 블록으로 '상태' 변수를 0으로 초기화합니다.
	변수	타이머 ▼ 에 100 저장 블록으로 '타이머' 변수를 100으로 초기화합니다.
무작위로 행복한 상태의 표정 짓기	계산	0 부터 10 까지의 정수 랜덤값 블록으로 변수의 값을 정한 범위의 정숫값으로 저장합니다.
	논리	만약(if) 참(true) ▼ 이면(then) 실행 블록으로 조건을 만족하면 블록 안의 명령을 실행합니다.
	논리	만약(if) 참(true) ▼ 이면(then) 실행 / 아니면(else) 실행 , 0 < ▼ 0 블록으로 변수의 값을 비교합니다.
	기본	LED 출력 블록으로 장미꽃의 기분을 표현합니다.

무작위로 기분 정하기	만약(if) 참(true) ▼ 이면(then) 실행 블록으로 조건을 만족하면 블록 안의 명령을 실행합니다. 0 부터 10 까지의 정수 랜덤값 블록으로 변수의 값을 정한 범위의 정숫값으로 저장합니다.
상태 설정하기	만약(if) 참(true) ▼ 이면(then) 실행 아니면서 만약(else if) ◇ 이면(then) 실행 ⊖ , 0 < ▼ 0 블록으로 변수의 값을 비교합니다. 아니면(else) 실행 ⊖ ⊕ 상태 ▼ 에 0 저장 블록으로 '상태' 변수를 '0, 1, 2'로 설정합니다.
종료 조건 판단하기	그리고(and) ▼ 블록으로 두 조건이 만족하는지 판단합니다. 아이콘 출력 ▦ ▼ 블록으로 '화남' 아이콘을 출력합니다. 🎮 게임 — 게임 종료 블록으로 게임을 종료합니다.
상태에 맞게 아이콘 출력하기	만약(if) 참(true) ▼ 이면(then) 실행 블록으로 조건을 만족하면 블록 안의 명령을 실행합니다. ⊕ 아이콘 출력 ▦ ▼ 블록으로 '슬픔', '잠듦' 아이콘을 출력합니다. 타이머 ▼ 값 -1 증가 블록으로 '타이머' 변수를 1씩 감소합니다.
버튼 입력 판단하기	만약(if) 참(true) ▼ 이면(then) 실행 블록과 key A ▼ is pressed on ADKeyboard at pin P1 ▼ 블록으로 ⊕ P1에 연결한 버튼 키패드의 A, B버튼이 눌렸는지 판단합니다.
상태 판단하기	만약(if) 참(true) ▼ 이면(then) 실행 아니면(else) 실행 ⊖ 블록으로 '상태' 변수가 1인지 2인지 판단합니다. ⊕
상태 설정하고 아이콘 출력하기	'행복', '목마름', '타이머' 변수의 값을 설정합니다. 아이콘 출력 ▦ ▼ 블록으로 '맞음' 또는 '틀림' 아이콘을 출력합니다.

5 이제, 프로그래밍해 볼까?

앞에서 배운 명령어로 프로그램을 만들어 봅시다.

예제 주소: http://m.site.naver.com/0vY7A

✓ **준비 하기** ☰ 변수 에서 변수 만들기... 를 선택하여 '상태', '타이머', '표정', '기분' 변수를 만듭니다.

✓ **프로그램 만들기**

장미꽃이 목마르면 물을 주고, 심심하면 놀아주며 돌보는 게임입니다.

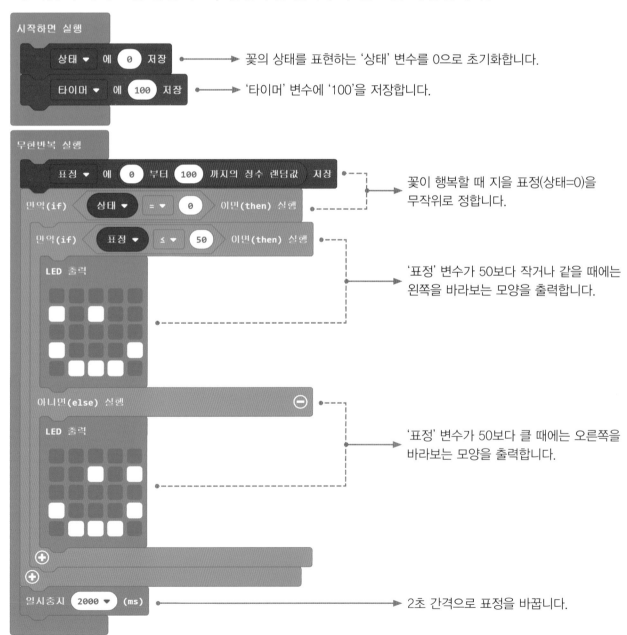

꽃의 상태를 표현하는 '상태' 변수를 0으로 초기화합니다.

'타이머' 변수에 '100'을 저장합니다.

꽃이 행복할 때 지을 표정(상태=0)을 무작위로 정합니다.

'표정' 변수가 50보다 작거나 같을 때에는 왼쪽을 바라보는 모양을 출력합니다.

'표정' 변수가 50보다 클 때에는 오른쪽을 바라보는 모양을 출력합니다.

2초 간격으로 표정을 바꿉니다.

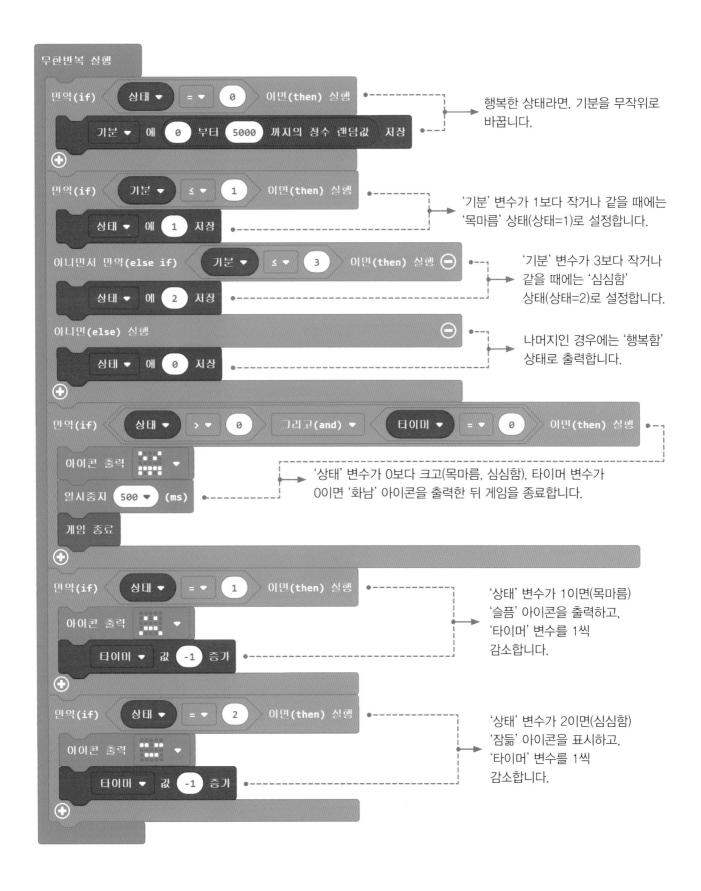

무한반복 실행

만약(if) [상태 ▼] [= ▼] (0) 이면(then) 실행
  [기분 ▼] 에 (0) 부터 (5000) 까지의 정수 랜덤값 저장
⊕

행복한 상태라면, 기분을 무작위로
바꿉니다.

만약(if) [기분 ▼] [≤ ▼] (1) 이면(then) 실행
  [상태 ▼] 에 (1) 저장

'기분' 변수가 1보다 작거나 같을 때에는
'목마름' 상태(상태=1)로 설정합니다.

아니면서 만약(else if) [기분 ▼] [≤ ▼] (3) 이면(then) 실행 ⊖
  [상태 ▼] 에 (2) 저장

'기분' 변수가 3보다 작거나
같을 때에는 '심심함'
상태(상태=2)로 설정합니다.

아니면(else) 실행 ⊖
  [상태 ▼] 에 (0) 저장
⊕

나머지인 경우에는 '행복함'
상태로 출력합니다.

만약(if) [상태 ▼] [> ▼] (0) 그리고(and) ▼ [타이머 ▼] [= ▼] (0) 이면(then) 실행
  아이콘 출력 [▦] ▼
  일시중지 (500 ▼) (ms)
  게임 종료
⊕

'상태' 변수가 0보다 크고(목마름, 심심함), 타이머 변수가
0이면 '화남' 아이콘을 출력한 뒤 게임을 종료합니다.

만약(if) [상태 ▼] [= ▼] (1) 이면(then) 실행
  아이콘 출력 [▦] ▼
  [타이머 ▼] 값 (-1) 증가
⊕

'상태' 변수가 1이면(목마름)
'슬픔' 아이콘을 출력하고,
'타이머' 변수를 1씩
감소합니다.

만약(if) [상태 ▼] [= ▼] (2) 이면(then) 실행
  아이콘 출력 [▦] ▼
  [타이머 ▼] 값 (-1) 증가
⊕

'상태' 변수가 2이면(심심함)
'잠듦' 아이콘을 표시하고,
'타이머' 변수를 1씩
감소합니다.

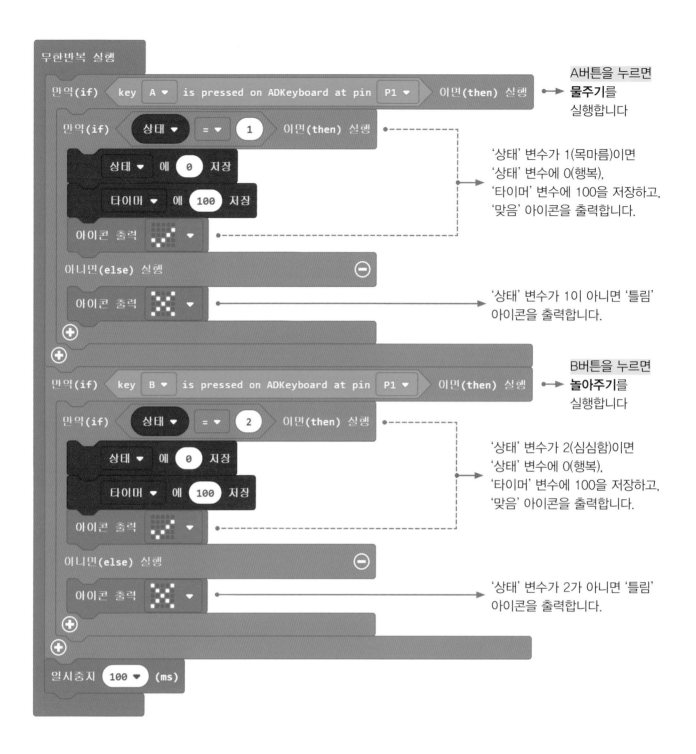

A버튼을 누르면
물주기를
실행합니다

‘상태’ 변수가 1(목마름)이면
‘상태’ 변수에 0(행복),
‘타이머’ 변수에 100을 저장하고,
‘맞음’ 아이콘을 출력합니다.

‘상태’ 변수가 1이 아니면 ‘틀림’
아이콘을 출력합니다.

B버튼을 누르면
놀아주기를
실행합니다

‘상태’ 변수가 2(심심함)이면
‘상태’ 변수에 0(행복),
‘타이머’ 변수에 100을 저장하고,
‘맞음’ 아이콘을 출력합니다.

‘상태’ 변수가 2가 아니면 ‘틀림’
아이콘을 출력합니다.

✳ 상태 변수

값	0	1	2
상태	행복함	목마름	심심함
표정			

6 그럼, 잘 되는지 확인해 보자!

완성된 프로그램을 실행해 보고, 작동되지 않으면 ❶ 질문 있어요!를 확인해 봅시다.

❗ 확인해 보아요!

파일명을 입력한 다음, 저장하고 마이크로비트에 업로드합니다.

확인할 내용

❶ 게임이 시작되면 장미꽃이 좌우를 보며 행복한 표정을 짓나요?
❷ 장미꽃의 상태가 '목마름'일 때 A버튼, '심심함'일 때 B버튼을 누르면 '맞음' 아이콘이 출력되나요?
❸ 장미꽃의 상태에 적절하지 않은 버튼을 누르면 '틀림' 아이콘이 출력되나요?

결과

  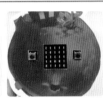   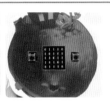

| 꽃이 행복할 때 | 꽃이 목마를 때 | 꽃이 심심할 때 | 꽃을 잘 돌보았을 때 | 꽃을 잘 돌보지 못했을 때 |

❗ 질문 있어요!

장미꽃이 '목마름' 상태일 때 A버튼을 눌렀는데 계속 '슬픔' 아이콘이 출력돼요.

버튼 키패드가 P1에 잘 연결되었는지, A버튼이 아닌 다른 버튼을 눌렀는지 확인해 봐요.

장미꽃이 목마른 반응을 보이지 않아요.

장미꽃의 '목마름' 상태를 체크하는 조건 블록(기분≦1)의 부등호 방향이 바르게 되었는지 확인해 봐요. 또는 '기분' 변수 범위의 최댓값을 큰 수로 바꿔 봐요.

자, 같이 만들어 볼까?

회로와 도안을 연결하는 방법을 알아봅시다.

 활동 **7** 장미꽃 돌보기

준비물

도안, 가위, 칼, 테이프

1

어린 왕자와 장미꽃 도안을 준비합니다.

2

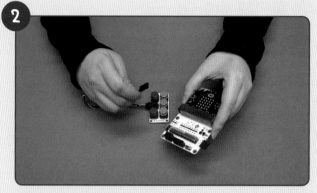

확장 보드에 마이크로비트를 꽂고, 확장 보드 P1에 버튼 키패드를 연결합니다.

3

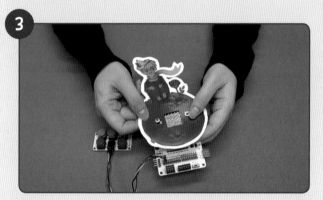

❶의 도안에 뚫은 구멍으로 마이크로비트 LED 매트릭스가 잘 보일 수 있도록 위치를 잡습니다.

4

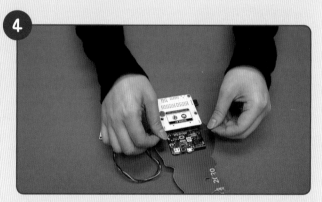

테이프로 고정합니다.

5

건전지 케이스를 꽂아 마무리합니다.

꽃의 기분에 따라 버튼 키패드를 눌렀을 때 출력되는 아이콘의 변화를 확인해 보세요.

늑대와 일곱 마리 아기 염소

지은이 **그림 형제**

옛날에 엄마 염소 와 아기 염소 일곱 마리가 함께 살고 있었어요.
어느날 엄마 염소는 아기 염소들에게 늑대를 조심하라고 신신당부하고
외출했어요.

> 얘들아, 누가 와도 절대로 문을 열어서는
> 안 돼. 특히 늑대는 조심해야 해.

잠시 후 늑대 가 나타나 아기 염소들이 있는 집 문을 두드리며 열어
달라고 했어요.

> 얘들아, 엄마가 왔어. 문 열어 주렴.

아기 염소들은 엄마의 목소리가 아니라며 문을 열어 주지 않았어요.
그러자 늑대 는 분필을 삼켜 엄마 염소 와 똑같은 목소리로 바꿔
말했어요. 하지만 이번에는 문 아래 틈으로 보이는 시커먼 앞발을 본 아기
염소들이 문을 열어 주지 않았어요.

앞으로 펼쳐질 이야기는

기본 늑대는 계속해서 엄마인 척하며 문을 열어 달라고 해요. 아기 염소들은 이 위기에서
어떻게 벗어날 수 있을까요?

응용 늑대에게서 아기 염소들을 구한 엄마는 집을 지키기 위한 방법을 생각했어요.
어떤 방법을 생각했을까요?

※  **기본** 이야기는 '기본편' 교재에서 만날 수 있어요.

활동 8

염소네 집의 비밀번호 문

엄마 염소는 서로 메시지를 주고받는 방법으로 늑대에게서 아기 염소를 구할 수 있었어요. 하지만 자기가 또 외출했을 때 아기 염소들이 늑대에게 속아 문을 열어 주지 않을지 걱정이 되었어요.

학습 목표

❶ 변수와 변숫값, 문자열을 주고받을 수 있습니다.

❷ 여러 개의 버튼 키패드로 비밀번호를 만들 수 있습니다.

핵심 장치

> 오늘은 아기 염소를 어떻게 지킬지 고민하는 엄마 염소의 이야기를 들려줄게.

라디오   버튼 키패드

마비, 오늘 들려줄 이야기는 뭐야?

엄마 염소는 언제 또 찾아올지 모를 늑대로부터 집을 안전하게 지키기 위해 어떻게 해야 할지 고민하기 시작했어요.

목소리나 손발만 보고 엄마인지 판단하면 위험하단다.

그럼, 문에 비밀번호가 있었으면 좋겠어요. 만약 엄마라면 비밀번호를 맞게 누르고 들어올 수 있잖아요.

❓ 비밀번호를 만드는 방법과 비밀번호가 정확히 맞았을 때 출력하는 방법을 생각해 볼까요?

오늘의 할 일

비밀번호를 입력하여 맞으면 문을 열어 주고, 틀리면 열어 주지 말라고 표시하는 출력 장치를 만들어 봅시다.

완성 작품

실행 화면

입력한 비밀번호 확인

비밀번호 일치

비밀번호 불일치

오늘의 준비물

마이크로비트

확장 보드

USB 케이블

확장 보드 연결 케이블

건전지(AAA 2개)와 건전지 케이스

버튼 키패드

집 도안

인터폰 도안

2 음, 무엇을 알아야 하지?

이 시간에 배워야 할 장치를 살펴봅시다.

❓ 비밀번호는 어떤 역할을 할까요?

> 옆 마을에 갔었는데 친구 염소가 알려 준 비밀번호를 누르니까 문을 열어 주더라고!

> 맞아요. 만약 비밀번호가 틀리면 문이 열리지 않아요.

비밀번호 입력 장치

아파트나 건물에는 외부인의 출입을 막기 위하여 출입구에 자동으로 문을 열고 닫는 장치가 있습니다. 방문자가 비밀번호를 알고 있어 비밀번호를 입력하여 문을 열거나, 집 안에서 카메라에 전송된 방문자의 얼굴을 확인하고 문을 열 수 있는 장치입니다.

* 이번 활동에서는 입력한 비밀번호를 전송하기 위하여 라디오 기능을 사용합니다.

❓ 마이크로비트를 페어링하는 방법을 알아볼까요?

블루투스 기능을 사용하려면 먼저 마이크로비트와 페어링을 해야 합니다. 페어링이 되면 무선으로 프로그램을 전송할 수 있습니다.

3 좋아, 시작해 볼까?

다음과 같이 회로를 연결한 뒤에 실험을 통해 결괏값을 기록해 봅시다.

❓ 회로 연결은 어떻게 할까요?

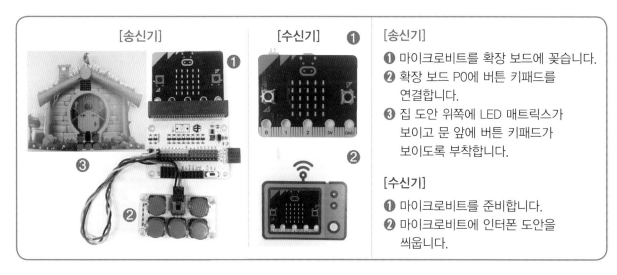

[송신기]
1. 마이크로비트를 확장 보드에 꽂습니다.
2. 확장 보드 P0에 버튼 키패드를 연결합니다.
3. 집 도안 위쪽에 LED 매트릭스가 보이고 문 앞에 버튼 키패드가 보이도록 부착합니다.

[수신기]
1. 마이크로비트를 준비합니다.
2. 마이크로비트에 인터폰 도안을 씌웁니다.

❓ 실험해 볼까요?

마이크로비트 두 대를 송신기와 수신기로 구분하고, 전송한 변숫값과 문자열을 관찰해 봅시다.

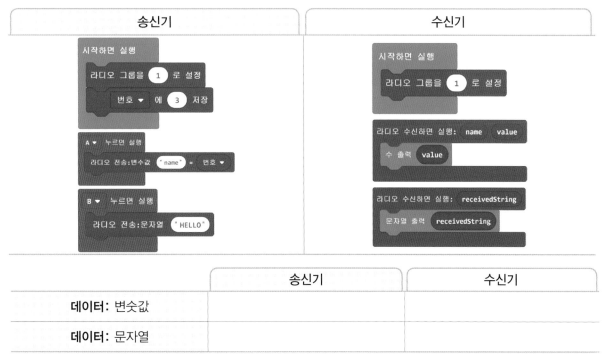

	송신기	수신기
데이터: 변숫값		
데이터: 문자열		

＊ 마이크로비트의 라디오 기능으로 (   ), (   ), (   ) 데이터를 주고받을 수 있습니다.

4 또, 무엇을 해야 하지?

[송신기]와 [수신기] 프로그램을 작성하기 전에 동작 과정과 필요한 명령어를
살펴봅시다.

❓ [송신기] 프로그램은 어떻게 동작할까요?

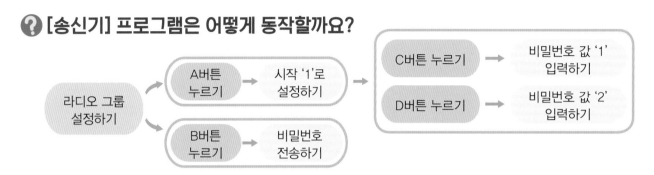

❓ [송신기]에 필요한 명령어는 무엇일까요?

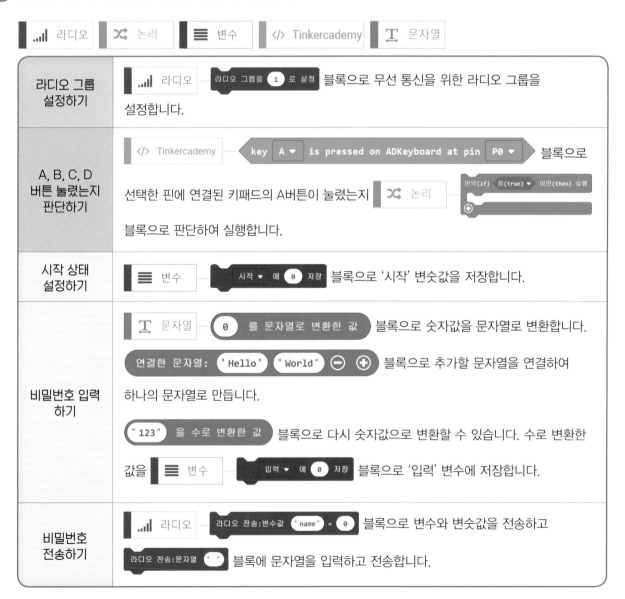

❓ [수신기] 프로그램은 어떻게 동작할까요?

라디오 그룹
설정하기 → 라디오 변숫값
수신하기 → 수신값 저장하기

비밀번호
설정하기 → 라디오 문자열
수신하기 → 문자열=OPEN이
맞는지 확인하기 → 비밀번호
판단하기 → 판단 결과
출력하기

❓ [수신기]에 필요한 명령어는 무엇일까요?

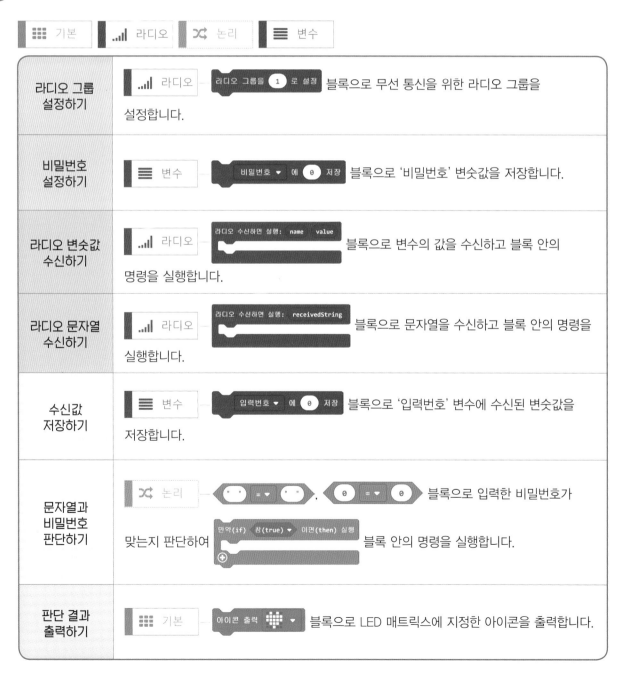

라디오 그룹 설정하기	▂▃▅ 라디오 ― `라디오 그룹을 1 로 설정` 블록으로 무선 통신을 위한 라디오 그룹을 설정합니다.
비밀번호 설정하기	☰ 변수 ― `비밀번호 ▼ 에 0 저장` 블록으로 '비밀번호' 변숫값을 저장합니다.
라디오 변숫값 수신하기	▂▃▅ 라디오 ― `라디오 수신하면 실행: name value` 블록으로 변수의 값을 수신하고 블록 안의 명령을 실행합니다.
라디오 문자열 수신하기	▂▃▅ 라디오 ― `라디오 수신하면 실행: receivedString` 블록으로 문자열을 수신하고 블록 안의 명령을 실행합니다.
수신값 저장하기	☰ 변수 ― `입력번호 ▼ 에 0 저장` 블록으로 '입력번호' 변수에 수신된 변숫값을 저장합니다.
문자열과 비밀번호 판단하기	✂ 논리 ― `" " = ▼ " "`, `0 = ▼ 0` 블록으로 입력한 비밀번호가 맞는지 판단하여 `만약(if) 참(true) ▼ 이면(then) 실행` 블록 안의 명령을 실행합니다.
판단 결과 출력하기	▦ 기본 ― `아이콘 출력 ▦ ▼` 블록으로 LED 매트릭스에 지정한 아이콘을 출력합니다.

5 이제, 프로그래밍해 볼까?

앞에서 배운 명령어로 프로그램을 만들어 봅시다.

 송신기   수신기

예제 주소: (송신기) http://m.site.naver.com/0vZmh
(수신기) http://m.site.naver.com/0vZnj

[송신기]

✔ 준비 하기   를 선택하여 '시작', '비밀번호', '입력' 변수를 만듭니다.

✔ 프로그램 만들기

시작 버튼을 누르고 비밀번호를 입력하면 그 값을 수신기에 보냅니다.

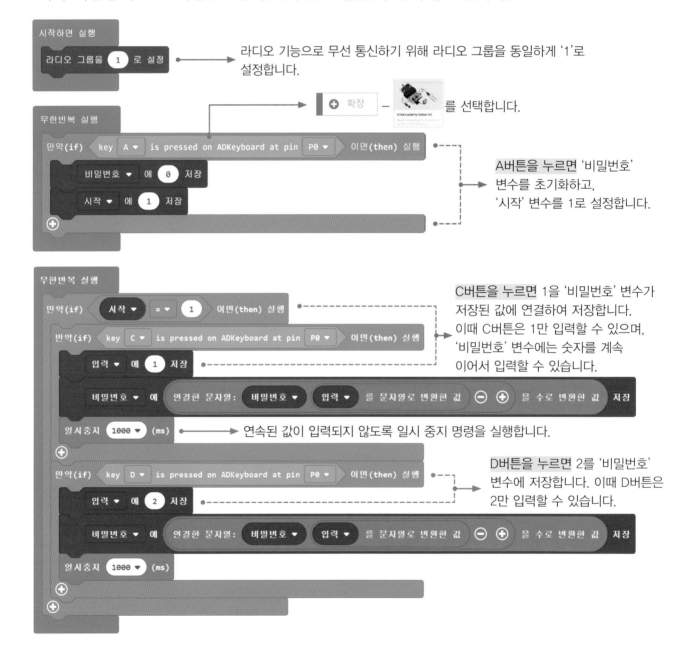

라디오 기능으로 무선 통신하기 위해 라디오 그룹을 동일하게 '1'로 설정합니다.

를 선택합니다.

A버튼을 누르면 '비밀번호' 변수를 초기화하고, '시작' 변수를 1로 설정합니다.

C버튼을 누르면 1을 '비밀번호' 변수가 저장된 값에 연결하여 저장합니다. 이때 C버튼은 1만 입력할 수 있으며, '비밀번호' 변수에는 숫자를 계속 이어서 입력할 수 있습니다.

연속된 값이 입력되지 않도록 일시 중지 명령을 실행합니다.

D버튼을 누르면 2를 '비밀번호' 변수에 저장합니다. 이때 D버튼은 2만 입력할 수 있습니다.

B버튼을 누르면 '시작'
변수를 0으로 설정하여,
입력한 '비밀번호'와 문을
열어 달라는 "OPEN"
메시지를 전송하고, 입력한
비밀번호를 출력합니다.

[수신기]

✓ 준비하기 　≡ 변수 － 변수 만들기... 를 선택하여 '비밀번호', '입력번호' 변수를 만듭니다.

✓ 프로그램 만들기

입력한 비밀번호가 맞는지 확인하고 결과를 출력합니다.

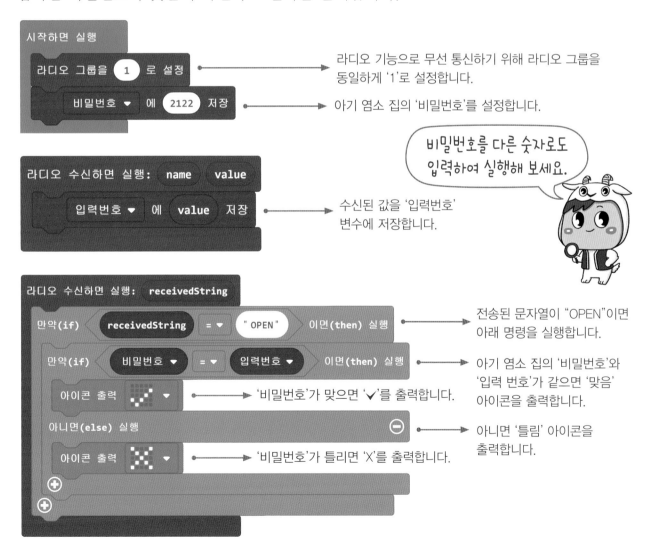

라디오 기능으로 무선 통신하기 위해 라디오 그룹을
동일하게 '1'로 설정합니다.

아기 염소 집의 '비밀번호'를 설정합니다.

비밀번호를 다른 숫자로도
입력하여 실행해 보세요.

수신된 값을 '입력번호'
변수에 저장합니다.

전송된 문자열이 "OPEN"이면
아래 명령을 실행합니다.

아기 염소 집의 '비밀번호'와
'입력 번호'가 같으면 '맞음'
아이콘을 출력합니다.

'비밀번호'가 맞으면 '✔'를 출력합니다.

아니면 '틀림' 아이콘을
출력합니다.

'비밀번호'가 틀리면 'X'를 출력합니다.

6 그럼, 잘 되는지 확인해 보자!

완성된 프로그램을 실행해 보고, 작동되지 않으면 ❗ 질문 있어요!를 확인해 봅시다.

❗ 확인해 보아요!

파일명을 입력한 다음, 저장하고 마이크로비트에 업로드합니다.

확인할 내용

❶ 버튼 키패드로 입력한 비밀번호가 송신기 LED 매트릭스에 출력되나요?
❷ 버튼 키패드에 입력한 비밀번호가 맞았거나 틀렸을 때, 수신기 LED 매트릭스에
 아이콘이나 아이콘이 출력되나요?

결과

입력한 비밀번호 출력

비밀번호가 맞았을 때

비밀번호가 틀렸을 때

❗ 질문 있어요!

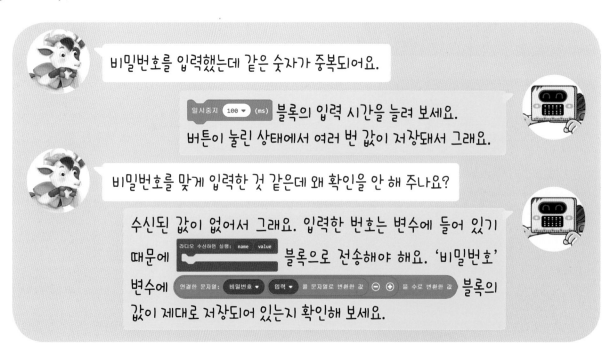

 내용:
비밀번호를 입력했는데 같은 숫자가 중복되어요.

일시중지 100 ▼ (ms) 블록의 입력 시간을 늘려 보세요.
버튼이 눌린 상태에서 여러 번 값이 저장돼서 그래요.

비밀번호를 맞게 입력한 것 같은데 왜 확인을 안 해 주나요?

수신된 값이 없어서 그래요. 입력한 번호는 변수에 들어 있기
때문에 라디오 수신하면 실행: name value 블록으로 전송해야 해요. '비밀번호'
변수에 연결한 문자열: 비밀번호 ▼ 입력 ▼ 를 문자열로 변환한 값 ⊖ ⊕ 을 수로 변환한 값 블록의
값이 제대로 저장되어 있는지 확인해 보세요.

시골 쥐와 서울 쥐

지은이 페리 인덱스

어느 날 농촌에 사는 시골 쥐 가 도시에 사는 서울 쥐 를 초대했어요.
시골 쥐는 밭에서 난 곡식들 로 정성스레 저녁 식사를 준비했어요.
하지만 서울 쥐는 맛있는 음식이 없다며 크게 실망을 하였어요.

> 내가 사는 도시에 한번 오지 않을래?
> 그러면 신기한 음식을 배불리 먹을 수 있어.

도시에서는 신기한 음식을 배불리 먹을 수 있다는 서울 쥐의 말을 듣고 시골
쥐는 깜짝 놀랐어요.

> 옥수수, 감자, 도토리 말고
> 다른 음식이 있다고?

시골 쥐 는 도시에 어떤 음식들이 있는지 너무 궁금하기도 하고, 신기한
음식을 배불리 먹고 싶은 마음도 굴뚝같아서 서울 쥐  를 따라 도시로
가게 되었어요.

⌄

앞으로 펼쳐질 이야기는

기본 도시에 온 시골 쥐는 한 번도 본 적 없는 신기한 음식을 배불리 먹을 수 있었어요.
하지만 사람이 다가오면 부리나케 도망가야 해요! 어떻게 하면 좋을까요?

응용 시골 쥐는 음식을 먹다가 사람이 들어와서 불을 켜면 먹던 음식도 놓고 도망가야
해요. 누군가 들어와서 불을 켜는 것을 미리 알 수는 없을까요?

※ 기본 이야기는 '기본편' 교재에서 만날 수 있어요.

빛이 보이면 달려야 해!

도시에 놀러 온 시골 쥐는 도시에 신기하고 맛있는 음식이 많기는 하지만,
음식을 먹다가 사람이 보이면 부리나케 도망가야 한다는 것을 알게 되었어요.

학습 목표

① 서보모터의 움직임을 제어할 수 있습니다.

② 빛 센서를 이용하여 버저에 신호를 보내고 서보모터를 움직일 수
있습니다.

핵심 장치

서보모터 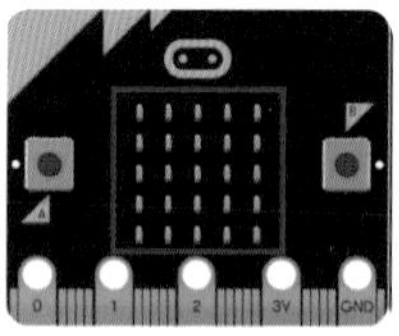   빛 센서 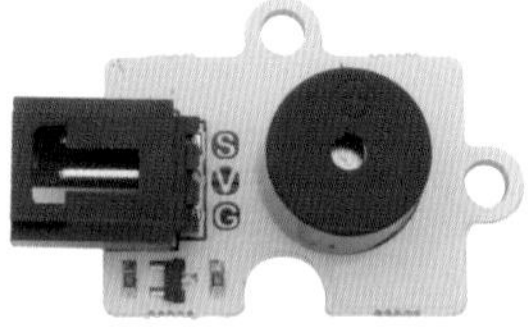   버저

오늘은 음식을
먹을 때마다 주위를
살펴야 하는 시골 쥐의
이야기를 들려줄게.

마비, 오늘 들려줄 이야기는 뭐야?

사람이 실내에 들어와 불을 켜면 시골 쥐는 부리나케 도망가야 해요.
시골 쥐는 맛있는 음식을 마음놓고 먹을 수 없어서 너무나 아쉽고 힘들었어요.

불이 켜진 것을 보니
사람인가 봐, 어서 달아나!

으아악! 불빛이 보일 때마다
도망가야 하다니, 나는 마음
편한 시골이 더 좋아.

❓ 시골 쥐가 경보음을 듣고 빠르게 달아나게 하려면 어떻게 해야 할까요?

오늘의 할 일

빛 센서와 서보모터를 이용하여, 불빛이 확인되면
경보음이 울려서 시골 쥐가 빨리 달아날 수 있게
만들어 봅시다.

완성 작품

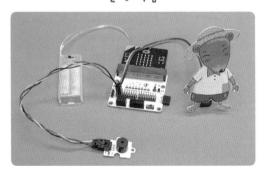

실행 화면

어두울 때 정지 상태

밝아질 때 달리는 상태

오늘의 준비물

마이크로비트   확장 보드   USB 케이블

확장 보드
연결 케이블   건전지(AAA 2개)와
건전지 케이스   버저

서보모터   시골 쥐 도안

음, 무엇을 알아야 하지?

이 시간에 배워야 할 장치를 알아봅시다.

② 시골 쥐의 움직임을 빠르게 하려면 어떻게 해야 할까요?

집 한 편에 돌아가는 팬이 있던데, 그건 뭐야?

쥐구멍 안의 탁한 공기를 바깥의 맑은 공기와 바꾸어 주는 환풍기야.

환풍기

환풍기는 팬을 돌려 바람을 일으켜서 먼지나 좋지 않은 공기를 밖으로 배출하는 용도로 사용됩니다. 환풍기의 프로펠러 모형의 팬은 DC 모터에 연결되어 전기의 힘으로 회전하며 작동합니다. 여름에 많이 사용하는 선풍기에도 DC 모터가 사용됩니다.

＊ 이번 활동에서는 시골 쥐가 빨리 달리도록 하기 위하여 각도를 조절하는 서보모터를 사용합니다.

② DC 모터와 서보모터의 차이점을 알아볼까요?

DC 모터	

• 360도 회전하여 작동합니다. • 각도를 조절하여 작동할 수 없습니다.	

서보 모터	

• 각도를 조절하여 작동할 수 있습니다. ✔ 표준 서보모터: 0°~180° 회전 가능 ✔ 무한 회전 서보모터: 360° 회전 가능	

3 좋아, 시작해 볼까?

다음과 같이 회로를 연결한 뒤에 실험을 통해 결괏값을 기록해 봅시다.

❓ 회로 연결은 어떻게 할까요?

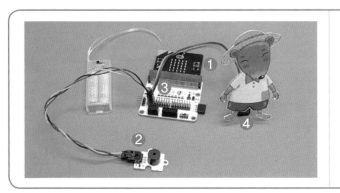

❶ 마이크로비트를 확장 보드에 꽂습니다.
❷ 확장 보드 P0에 버저를 연결합니다.
❸ 확장 보드 P1에 서보모터를 연결합니다.
❹ 시골 쥐 도안의 뒤쪽 허리 위치에 서보 혼을 붙여 서보모터에 끼웁니다.

❓ 실험해 볼까요?

마이크로비트의 빛 센서를 이용해 빛 센서값을 읽고, 아래의 표에 측정값을 적어 봅시다.

빛 측정	손으로 빛을 가리고 측정
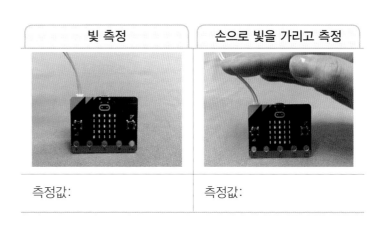	
측정값:	측정값:

함수

함수는 특정 명령을 모아 미리 만들어 놓고 필요할 때마다 사용하는 것으로, 정한 함수의 이름을 호출하면 특정 명령을 실행합니다.

함수 이름 정하기	함수 만들기	함수 호출하기
블록에 함수의 이름을 입력하여 함수를 만듭니다.	함수 블록 안에 원하는 명령 블록을 연결합니다.	명령으로 함수를 호출합니다.

4 또, 무엇을 해야 하지?

프로그램을 작성하기 전에 동작 과정과 필요한 명령어를 살펴봅시다.

❓ 프로그램은 어떻게 동작할까요?

❓ 필요한 명령어는 무엇일까요?

| ::: 기본 | ◉ 입력 | ♫ 음악 | C 반복 | ⤭ 논리 | f(x) 함수 | ◉ 핀 |

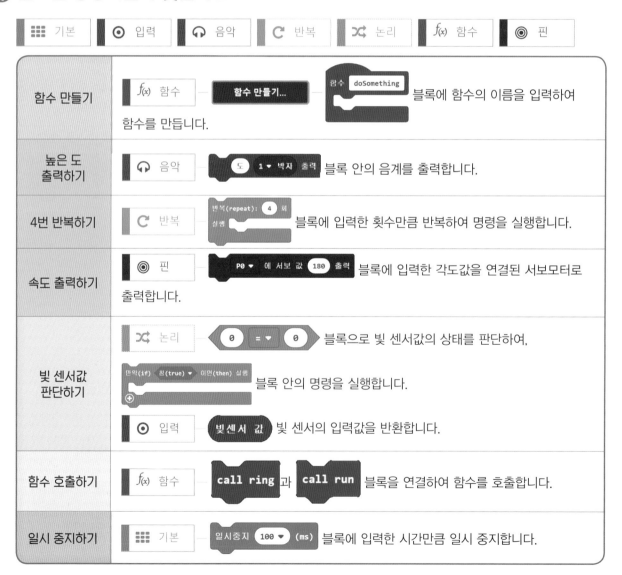

함수 만들기	f(x) 함수 ─ 함수 만들기... 함수 doSomething 블록에 함수의 이름을 입력하여 함수를 만듭니다.
높은 도 출력하기	♫ 음악 도 1 ▼ 박자 출력 블록 안의 음계를 출력합니다.
4번 반복하기	C 반복 반복(repeat): 4 회 실행 블록에 입력한 횟수만큼 반복하여 명령을 실행합니다.
속도 출력하기	◉ 핀 P0 ▼ 에 서보 값 180 출력 블록에 입력한 각도값을 연결된 서보모터로 출력합니다.
빛 센서값 판단하기	⤭ 논리 0 = ▼ 0 블록으로 빛 센서값의 상태를 판단하여, 만약(if) 참(true) ▼ 이면(then) 실행 블록 안의 명령을 실행합니다. ◉ 입력 빛센서 값 빛 센서의 입력값을 반환합니다.
함수 호출하기	f(x) 함수 call ring 과 call run 블록을 연결하여 함수를 호출합니다.
일시 중지하기	::: 기본 일시중지 100 ▼ (ms) 블록에 입력한 시간만큼 일시 중지합니다.

5 이제, 프로그래밍해 볼까?

앞에서 배운 명령어로 프로그램을 만들어 봅시다.

예제 주소: http://m.site.naver.com/0w3pD

✔ **준비하기** [f(x) 함수] 에서 [함수 만들기...]를 선택하여 'ring'과 'run' 함수를 만듭니다.

✔ **프로그램 만들기**

밝기가 감지되면 버저가 경보음을 울려 시골 쥐가 도망가게 합니다.

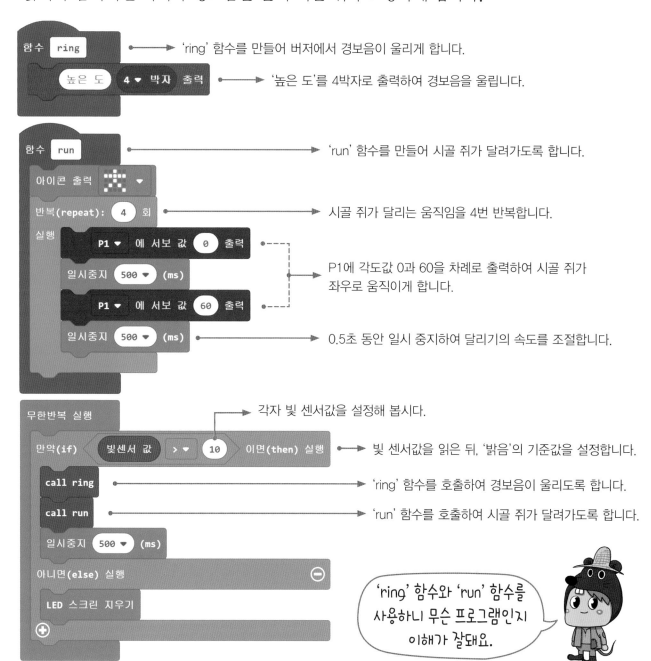

함수 ring ━━━▶ 'ring' 함수를 만들어 버저에서 경보음이 울리게 합니다.

높은 도 4 ▾ 박자 출력 ━━━▶ '높은 도'를 4박자로 출력하여 경보음을 울립니다.

함수 run ━━━▶ 'run' 함수를 만들어 시골 쥐가 달려가도록 합니다.

아이콘 출력

반복(repeat): 4 회 ━━━▶ 시골 쥐가 달리는 움직임을 4번 반복합니다.

실행 P1 ▾ 에 서보 값 0 출력

일시중지 500 ▾ (ms) ━━━▶ P1에 각도값 0과 60을 차례로 출력하여 시골 쥐가 좌우로 움직이게 합니다.

P1 ▾ 에 서보 값 60 출력

일시중지 500 ▾ (ms) ━━━▶ 0.5초 동안 일시 중지하여 달리기의 속도를 조절합니다.

무한반복 실행

━━━▶ 각자 빛 센서값을 설정해 봅시다.

만약(if) 빛센서 값 > ▾ 10 이면(then) 실행 ━━━▶ 빛 센서값을 읽은 뒤, '밝음'의 기준값을 설정합니다.

call ring ━━━▶ 'ring' 함수를 호출하여 경보음이 울리도록 합니다.

call run ━━━▶ 'run' 함수를 호출하여 시골 쥐가 달려가도록 합니다.

일시중지 500 ▾ (ms)

아니면(else) 실행 ⊖

LED 스크린 지우기

⊕

> 'ring' 함수와 'run' 함수를 사용하니 무슨 프로그램인지 이해가 잘돼요.

6 그럼, 잘 되는지 확인해 볼까?

완성된 프로그램을 실행해 보고, 작동되지 않으면 ❗질문 있어요!를 확인해 봅시다.

❗ 확인해 보아요!

파일명을 입력한 다음, 저장하고 마이크로비트에 업로드합니다.

확인할 내용

❶ 빛 센서값이 10보다 작거나 같으면 시골 쥐가 아무런 반응을 하지 않나요?
❷ 빛의 밝기가 감지되면(빛 센서값이 10보다 크면), '도' 경보음이 울리면서 시골 쥐가
움직여 도망가나요?

결과

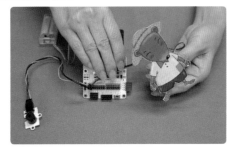

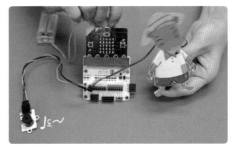

움직이지 않는 시골 쥐(빛 센서값≦10)   경보음을 듣고 도망가는 시골 쥐(빛 센서값〉10)

❗ 질문 있어요!

빛의 밝은 정도에 따라 달리는 속도도 다르게 할 수 있나요?

무한 반복 실행에 if문을 여러 개 만들고 run 함수도 빨리
달리는 run, 느리게 달리는 run을 만든다면 빛의 밝기에 따라
달리는 속도를 다르게 표현할 수 있어요.

그럼 빛 외에 다른 센서를 이용할 수도 있나요?

이번 활동에서는 빛이 보이면 시골 쥐가 도망가는 것으로
했지만, 문이 열리면 도망가도록 충돌 센서나 동작 감지
센서를 이용해서 프로그램을 만들 수도 있어요.

해와 바람

지은이 이솝

어느 날 북쪽에서 불어오는 차갑고 거센 바람  이 해 에게

으스대며 말했어요.

> 세상에 나보다 힘센 자는 없을 거야.
> 아무도 나를 이길 순 없어.

해 는 바람 이 하는 말을 듣고 온화한 미소를 지었어요. 그리고

바람에게 지지 않겠다는 듯 말했어요.

> 나는 얼어붙은 대지를 녹이고
> 초록으로 물들이는 힘을 가지고 있어.
> 네 힘은 비할 바가 못 된다고.

해 와 바람 은 서로 자신의 힘을 과시했어요. 오랜 시간 동안

서로 옥신각신하던 둘은 누가 더 힘이 센지 내기하기로 했어요.

어떻게 힘을 겨룰지 한참을 고민하던 둘 앞에 마침 나그네 가 지나가고

있었어요.

앞으로 펼쳐질 이야기는

기본 해와 바람은 나그네를 상대로 누가 더 힘이 센지 겨루기 위해 궁리하기 시작했어요.
그때 나그네가 입고 있는 외투가 눈에 들어왔어요. 둘은 어떻게 힘을 겨루었을까요?

응용 나그네는 찬바람이 쌩쌩 불다가 뜨거운 햇볕이 내리쬐는 날씨에 갑자기 짜증이 나기
시작했어요. 나그네가 얼마나 짜증이 나는지 알 수 있을까요?

※ **기본** 이야기는 '기본편' 교재에서 만날 수 있어요.

오늘의 기분은 흐림

햇볕이 강하게 내리쬐자 온 세상이 따뜻해졌어요. 찬바람에 외투를 움켜쥐고 있던
나그네는 갑작스러운 땡볕에 땀을 뻘뻘 흘리기 시작했어요.

학습 목표

① 가변 저항값에 따른 서보모터의 회전 각도값의 변화를 설명할 수 있습니다.

② 센서로 측정한 값을 변환하여 조건에 따라 다르게 출력할 수 있습니다.

오늘은 날씨 때문에
기분이 나빠진 나그네의
이야기를 들려줄게.

핵심 장치

가변 저항

서보모터

마비, 오늘 들려줄 이야기는 뭐야?

땀을 뻘뻘 흘리던 나그네는 결국 외투를 벗었어요. 내기에서 이긴 것은 해의
온화함이었어요. 대결에서 진 바람은 부끄러워하며 이내 사라져버렸어요.

힘이 세다고 다 이기는 건 아니야.

그동안 잘난 척 해서 미안해.

해의 승리로 내기는 끝났지만, 변덕스러운 날씨에 나그네는 화가 났어요.
나그네가 화가 났다는 것을 어떻게 알 수 있을까요?

오늘의 할 일

불쾌지수를 계산하여 알려 주는 불쾌지수 알리미를
만들어 봅시다.

완성 작품

실행 화면

불쾌지수 매우 높음.	불쾌지수 높음.	불쾌지수 보통	불쾌지수 낮음.

오늘의 준비물

마이크로비트　　확장 보드　　USB 케이블

확장 보드
연결 케이블　　건전지(AAA 2개)와
건전지 케이스　　가변 저항

서보모터　　불쾌지수 알리미 도안

2 음, 무엇을 알아야 하지?

이 시간에 배워야 할 장치를 알아봅시다.

❓ 불쾌지수를 어떻게 측정하나요?

날씨에 따라서 사람이 불쾌감을 느끼는 정도를 나타내는 수치를 불쾌지수라고 해.

불쾌지수는 이렇게 구해!
불쾌지수 = 0.72 × (건구 온도 + 습구 온도) + 40.6

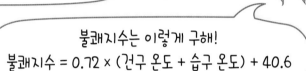

불쾌지수

불쾌지수는 기온 및 습도와 관련이 있기 때문에 기온이 높은 한여름에 습도까지 높으면 불쾌지수가 높아집니다.

※ 건구 온도: 현재 기온
습구 온도: 젖은 헝겊으로 싼 습구 온도계로 측정한 온도

습도표   단위(%)

건구 온도 (℃)	건구 온도와 습구 온도의 차(℃)								
	0	1	2	3	4	5	6	7	8
30	100	92	85	78	72	65	59	53	47
29	100	92	85	78	71	64	58	52	46
28	100	92	85	77	70	64	57	51	45
27	100	92	84	77	70	63	56	50	43
26	100	92	84	76	69	62	55	48	42

➡ 건구 온도가 29℃이고 건구 온도와 습구 온도의 차가 5℃일 때 습도는 64%입니다.

✳ 이번 활동에서는 건구 온도와 습구 온도의 차를 임의로 변경하면서 불쾌지수를 알려 주는 장치를 만들기 위해 가변 저항을 사용합니다.

❓ 가변 저항은 어디에 활용될까요?

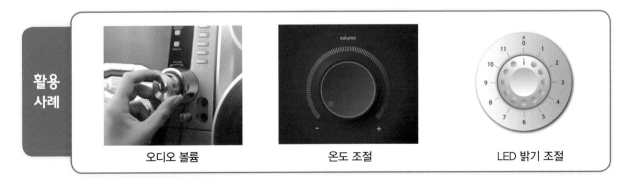

활용 사례

오디오 볼륨   온도 조절   LED 밝기 조절

3 좋아, 시작해 볼까?

다음과 같이 회로를 연결한 뒤에 실험을 통해 결괏값을 기록해 봅시다.

❓ 회로 연결은 어떻게 할까요?

❶ 마이크로비트를 확장 보드에 꽂습니다.

❷ 확장 보드 P1에 가변 저항을 연결합니다.

❸ 확장 보드 P2에 서보모터를 연결합니다.

가변 저항	확장 보드	서보모터
■ Ⓢ	■ S	■ Ⓢ
■ Ⓥ	■ 3V3	■ Ⓥ
■ Ⓖ	■ G	■ Ⓖ

❹ 불쾌지수 알리미 도안을 서보모터에 씌웁니다.

❓ 실험해 볼까요?

1. 마이크로비트 확장 보드 P1에 가변 저항, P2에 서보모터를 연결하고, 가변 저항값에 따른 서보모터의 회전 각도를 측정해 봅시다.

2. 다음 표에서 ❶번을 기준으로 서보모터 날개(혼)를 꽂고, 가변 저항값을 기록해 봅시다.

실험 결과		
❶ 왼쪽으로 끝까지 돌렸을 때	❷ 중앙일 때	❸ 오른쪽으로 끝까지 돌렸을 때
가변 저항 · 서보모터	가변 저항 · 서보모터	가변 저항 · 서보모터

가변 저항값: 가변 저항값: 가변 저항값:

✻ 가변 저항을 시계 반대 방향(왼쪽)으로 돌릴수록 값이 (   )지고, 시계 방향(오른쪽)으로 돌릴수록 값이 (   )진다.

또, 무엇을 해야 하지?

프로그램을 작성하기 전에 동작 과정과 필요한 명령어를 살펴봅시다.

❓ 프로그램은 어떻게 동작할까요?

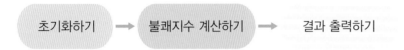

초기화하기 → 불쾌지수 계산하기 → 결과 출력하기

❓ 필요한 명령어는 무엇일까요?

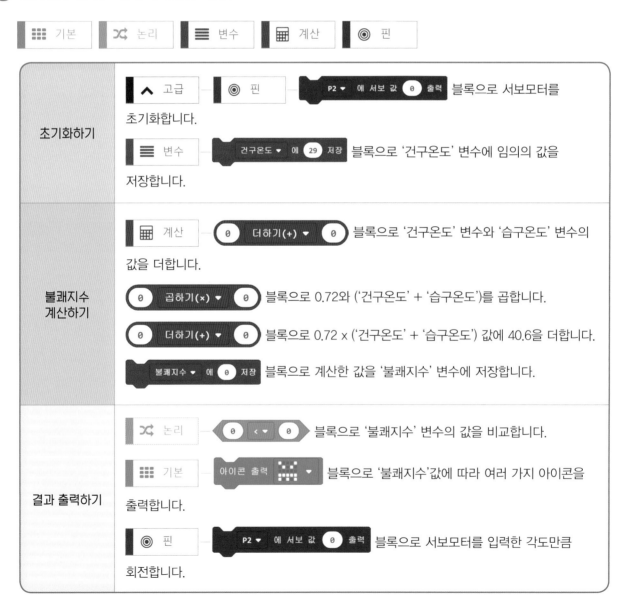

5 이제, 프로그래밍해 볼까?

앞에서 배운 명령어로 프로그램을 만들어 봅시다.

예제 주소: http://m.site.naver.com/0vZL1

✓ **준비하기** ▤ 변수 에서 변수 만들기... 를 선택하여 '건구온도', '습구온도', '불쾌지수', '온도차' 변수를 만듭니다.

✓ **프로그램 만들기**

불쾌지수를 계산하여 해당 아이콘을 출력합니다.

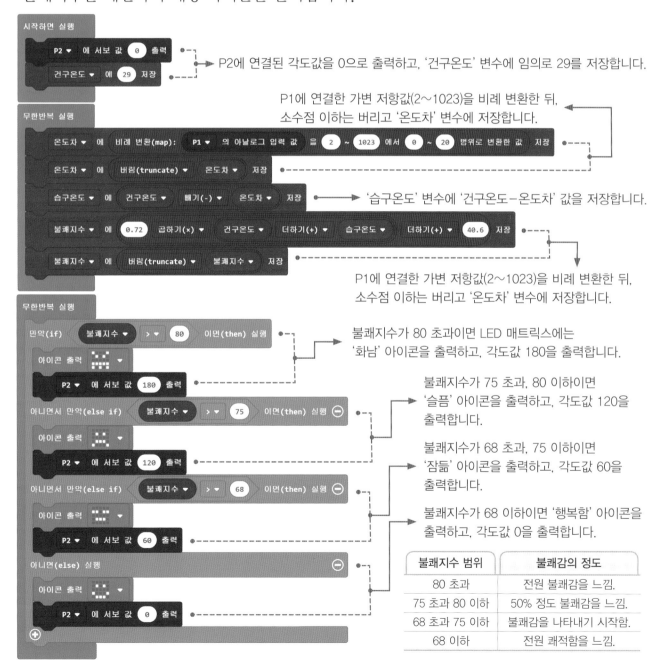

P2에 연결된 각도값을 0으로 출력하고, '건구온도' 변수에 임의로 29를 저장합니다.

P1에 연결한 가변 저항값(2~1023)을 비례 변환한 뒤, 소수점 이하는 버리고 '온도차' 변수에 저장합니다.

'습구온도' 변수에 '건구온도−온도차' 값을 저장합니다.

P1에 연결한 가변 저항값(2~1023)을 비례 변환한 뒤, 소수점 이하는 버리고 '온도차' 변수에 저장합니다.

불쾌지수가 80 초과이면 LED 매트릭스에는 '화남' 아이콘을 출력하고, 각도값 180을 출력합니다.

불쾌지수가 75 초과, 80 이하이면 '슬픔' 아이콘을 출력하고, 각도값 120을 출력합니다.

불쾌지수가 68 초과, 75 이하이면 '잠듦' 아이콘을 출력하고, 각도값 60을 출력합니다.

불쾌지수가 68 이하이면 '행복함' 아이콘을 출력하고, 각도값 0을 출력합니다.

불쾌지수 범위	불쾌감의 정도
80 초과	전원 불쾌감을 느낌.
75 초과 80 이하	50% 정도 불쾌감을 느낌.
68 초과 75 이하	불쾌감을 나타내기 시작함.
68 이하	전원 쾌적함을 느낌.

6 그럼, 잘 되는지 확인해 보자!

완성된 프로그램을 실행해 보고, 작동되지 않으면 ❶ 질문 있어요!를 확인해 봅시다.

❗ 확인해 보아요!

파일명을 입력한 다음, 저장하고 마이크로비트에 업로드합니다.

확인할 내용

❶ 가변 저항을 왼쪽으로 돌릴수록 불쾌지수가 높아지나요?
❷ 불쾌지수에 따라 마이크로비트 LED 매트릭스에 출력되는 아이콘이 달라지나요?
❸ 불쾌지수가 매우 높음일 때와 매우 낮음일 때 서보모터의 바늘이 수평을 이루나요?

결과

불쾌지수 매우 높음.　　불쾌지수 높음.　　불쾌지수 보통　　불쾌지수 낮음.

❗ 질문 있어요!

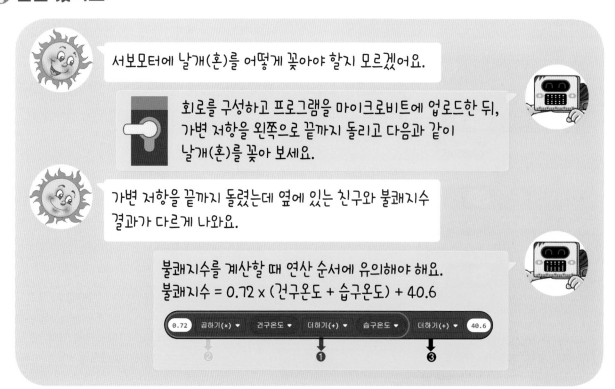

서보모터에 날개(혼)를 어떻게 꽂아야 할지 모르겠어요.

회로를 구성하고 프로그램을 마이크로비트에 업로드한 뒤, 가변 저항을 왼쪽으로 끝까지 돌리고 다음과 같이 날개(혼)를 꽂아 보세요.

가변 저항을 끝까지 돌렸는데 옆에 있는 친구와 불쾌지수 결과가 다르게 나와요.

불쾌지수를 계산할 때 연산 순서에 유의해야 해요.
불쾌지수 = 0.72 × (건구온도 + 습구온도) + 40.6

피노키오

지은이 카를로 콜로디

제페토 할아버지 는 어린아이처럼 울고 웃는 나무토막을 받아 꼭두각시 인형을 만들었어요.

> 다 됐다! 이름을 뭐라고 지을까?
> 음… 그래! 피노키오라고 부르자.

피노키오 는 말썽꾸러기로 자랐어요. 그래도 피노키오 를 사랑하는 제페토 할아버지 는 자신의 외투를 팔아 피노키오에게 책을 사 주었어요.

> 그런데, 난 지금 꼭두각시 인형극이
> 너무너무 보고 싶어. 어떻게 하지?

말썽꾸러기 피노키오 는 제페토 할아버지 가 사 준 책을 팔아 꼭두각시 인형극을 보다가 극단에 들어가 일을 하게 되었어요. 어느 날 피노키오 는 제페토 할아버지 가 보고 싶어 극단을 나오기로 결심했어요.

▼

앞으로 펼쳐질 이야기는

기본 극단을 나온 피노키오가 여우와 고양이의 꾐에 넘어가려 할 때 파란 머리 요정이 나타나 질문을 했어요. 피노키오의 대답이 거짓말인지 어떻게 알 수 있을까요?

응용 파란 머리 요정은 피노키오가 거짓말을 한다는 것을 알아채고 피노키오가 거짓말을 할 때마다 코가 길어지는 마법을 걸었어요. 마법에 감춰진 비밀은 무엇일까요?

※ 기본 이야기는 '기본편' 교재에서 만날 수 있어요.

길어지는 피노키오의 코

요정은 피노키오에게 거짓말을 하지 말라고 했어요. 하지만 피노키오는 요정의 물음에 계속 거짓말을 했어요. 요정은 계속 거짓말을 하는 피노키오에게 벌을 주기로 했어요.

학습 목표

① 서보모터의 회전축이 입력값에 따라 어떻게 움직이는지 설명할 수 있습니다.

② 서보모터의 회전축을 움직여 코의 길이를 조정하는 장치를 만들 수 있습니다.

핵심 장치

오늘은 거짓말할 때마다 코가 길어지는 피노키오의 이야기를 들려줄게.

수분 센서

서보모터

마비, 오늘 들려줄 이야기는 뭐야?

피노키오가 거짓말을 했다는 것을 알게 된 요정은 피노키오가 거짓말을 할 때마다 코가 길어지는 마법을 사용했어요. 오늘도 피노키오의 코가 계속 길어지고 있어요.

> 오늘은 코가 더 길어진 것 같아요!

> 오늘은 마법이 좀 과했나?!

❓ **피노키오가 거짓말을 할 때마다 피노키오의 코는 어떻게 길어지게 되는 걸까요?**

오늘의 할 일

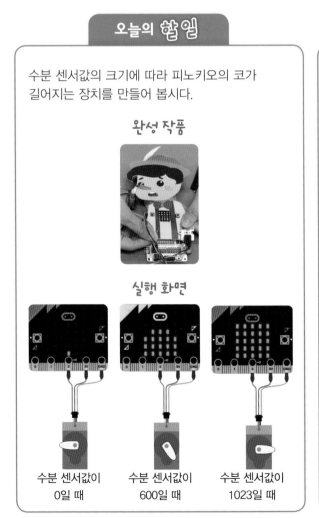

수분 센서값의 크기에 따라 피노키오의 코가 길어지는 장치를 만들어 봅시다.

완성 작품

실행 화면

수분 센서값이 0일 때 / 수분 센서값이 600일 때 / 수분 센서값이 1023일 때

오늘의 준비물

마이크로비트 / 확장 보드 / USB 케이블

확장 보드 연결 케이블 / 건전지(AAA 2개)와 건전지 케이스 / 암수 점퍼 케이블 (낱개 1개)

수분 센서 / 서보모터 / 실 / 피노키오 도안

② 음, 무엇을 알아야 하지?

이 시간에 배워야 할 장치를 알아봅시다.

② 사람마다 땀의 분비량이 다른데, 어떤 기준으로 정해야 할까요?

> 네가 거짓말을 하면 너의 호흡, 혈압, 맥박, 땀 분비량의 반응값이 달라져.

> 정확한 근거로 내 코에 마법을 사용한다면 인정할 수 있어요!

거짓말 탐지기의 반응도

거짓말 탐지기로 거짓말을 탐지하려면 사건과 관련 있는 질문을 해야 하고, 관련 없더라도 비슷한 질문을 해서 반응 수치를 비교해야 합니다. 사람마다 반응값이 다르기 때문에 이 값을 비교하여 각 개인의 기준을 정하면 정확도가 높아집니다.

＊ 이번 활동에서는 반응값에 따라 피노키오의 코의 길이를 조절하기 위하여 서보모터를 사용합니다.

② 서보모터로 무엇을 만들까요?

서보모터는 각도를 조절할 수 있기 때문에 각도 조절이 필요한 인형이나 로봇의 관절 등에 사용합니다.

서보모터

서보모터를 이용하여 만든 작품			

인사하는 관절 인형	RC카	오르골	로봇 손

3 좋아, 시작해 볼까?

다음과 같이 회로를 연결한 뒤에 실험을 통해 피노키오의 코를 어떻게 길어지게 할 수 있을지 관찰해 봅시다.

❓ 회로 연결은 어떻게 할까요?

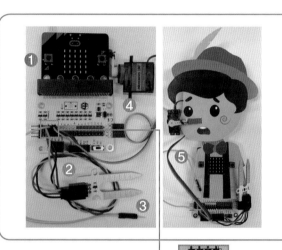

❶ 마이크로비트를 확장 보드에 꽂습니다.

❷ 확장 보드 P0에 수분 센서를 연결합니다.

❸ 확장 보드 P1-S에 점퍼 케이블을 연결합니다.

❹ 서보모터를 P2에 연결합니다.

❺ 피노키오 도안의 팔에 수분 센서를 붙이고, 다른 쪽 팔에 P1-S에 연결한 점퍼 케이블을 붙입니다. 그리고 가슴에 마이크로비트의 LED 매트릭스와 버튼이 보이도록 씌웁니다.

❓ 실험해 볼까요?

1. 피노키오의 코를 서보모터의 날개(혼)에 연결하여 코가 어떻게 길어지도록 만들지 생각해 봅시다.

0, 90, 180으로 값을 변경해서 실행해 보세요!

2. P2에 연결한 회전 각도값을 입력하여 움직임을 관찰하고 회전축의 방향을 그려 봅시다.

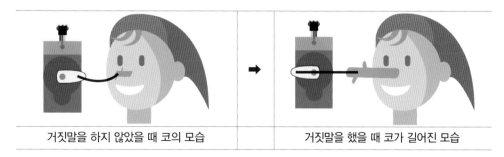

| 거짓말을 하지 않았을 때 코의 모습 | 거짓말을 했을 때 코가 길어진 모습 |

✳ P2의 출력값이 (   )면 피노키오의 코가 길어집니다.

4 또, 무엇을 해야 하지?

프로그램을 작성하기 전에 동작 과정과 필요한 명령어를 살펴봅시다.

❓ 프로그램은 어떻게 동작할까요?

> 핀값을 차트로
> 나타내기

> 서보값
> 초기화하기

A버튼 눌렀는지 판단하기 → P0, P1의 값 저장하기 → 거짓말 판단하여 판단값 저장하기 → 땀의 값 합산하고, 값의 범위 변환하기 → 판단 결과 출력하기

❓ 필요한 명령어는 무엇일까요?

핀값을 차트로 나타내기	⬤ LED	**LED 차트: 표현할 값** ⓪ **모두 커졌을 때의 값** ⓪ 블록으로 값을 차트로 나타냅니다.
서보값 초기화하기	◎ 핀	**P0 ▼ 에 서보 값** ⓪ **출력** 블록으로 서보모터를 초기화합니다.
A버튼을 눌러 핀값 저장하기	◉ 입력	**A ▼ 눌림 상태** 블록으로 버튼이 눌림 상태이면 연결된 프로그램을 실행하여 **땀1 ▼ 에** ⓪ **저장** 블록으로 땀값을 저장합니다.
거짓말 판단하여 판단값 저장하기	⤬ 논리	⓪ **= ▼** ⓪ **만약(if) 참(true) ▼ 이면(then) 실행** 블록으로 거짓말인지 판단합니다.
	☰ 변수	**판단 ▼ 에** ⓪ **저장** 블록으로 판단한 값을 저장합니다.
땀의 값 합산하고, 값의 범위 변환하기	▦ 계산	⓪ **더하기(+) ▼** ⓪ 블록으로 P0과 P1의 값을 더하고, 그 값을
	☰ 변수	**합계 ▼** 블록으로 저장합니다.
	▦ 계산	**반올림(round) ▼** ⓪ 블록으로 반올림하여 정숫값으로 만들고,
	◎ 핀	**버려 변환(map):** ⓪ **최소** ⓪ **최대** 1023 **에서 최소** ⓪ **최대** 4 **범위로 변환한 값** 블록으로 P0과 P1을 더한 값의 범위를 서보모터의 값의 범위로 변환합니다.
판단 결과 출력하기	◎ 핀	**P0 ▼ 에 서보 값** 180 **출력** 블록으로 서보모터를 움직이고,
	⚏ 기본	**아이콘 출력 ▦ ▼** 블록으로 판단 결과를 LED 매트릭스에 출력합니다.

5 이제, 프로그래밍해 볼까?

앞에서 배운 명령어로 프로그램을 만들어 봅시다.

예제 주소: http://m.site.naver.com/0vZOS

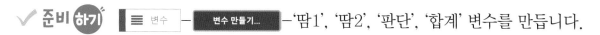

✓ **준비 하기** 📋 변수 — [변수 만들기...] —'땀1', '땀2', '판단', '합계' 변수를 만듭니다.

✓ **프로그램 만들기**

피노키오의 말이 거짓말이면 코가 길어지도록 서보모터를 움직입니다.

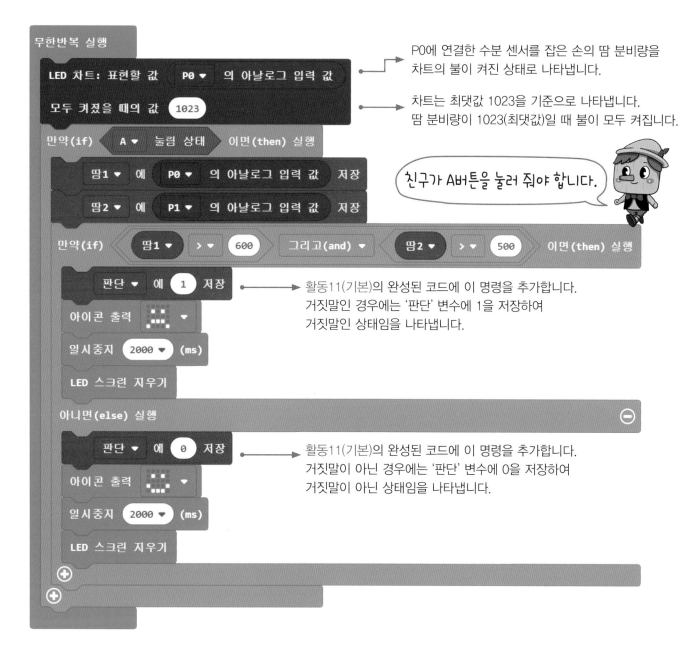

P0에 연결한 수분 센서를 잡은 손의 땀 분비량을
차트의 불이 켜진 상태로 나타냅니다.

차트는 최댓값 1023을 기준으로 나타냅니다.
땀 분비량이 1023(최댓값)일 때 불이 모두 켜집니다.

친구가 A버튼을 눌러 줘야 합니다.

활동11(기본)의 완성된 코드에 이 명령을 추가합니다.
거짓말인 경우에는 '판단' 변수에 1을 저장하여
거짓말인 상태임을 나타냅니다.

활동11(기본)의 완성된 코드에 이 명령을 추가합니다.
거짓말이 아닌 경우에는 '판단' 변수에 0을 저장하여
거짓말이 아닌 상태임을 나타냅니다.

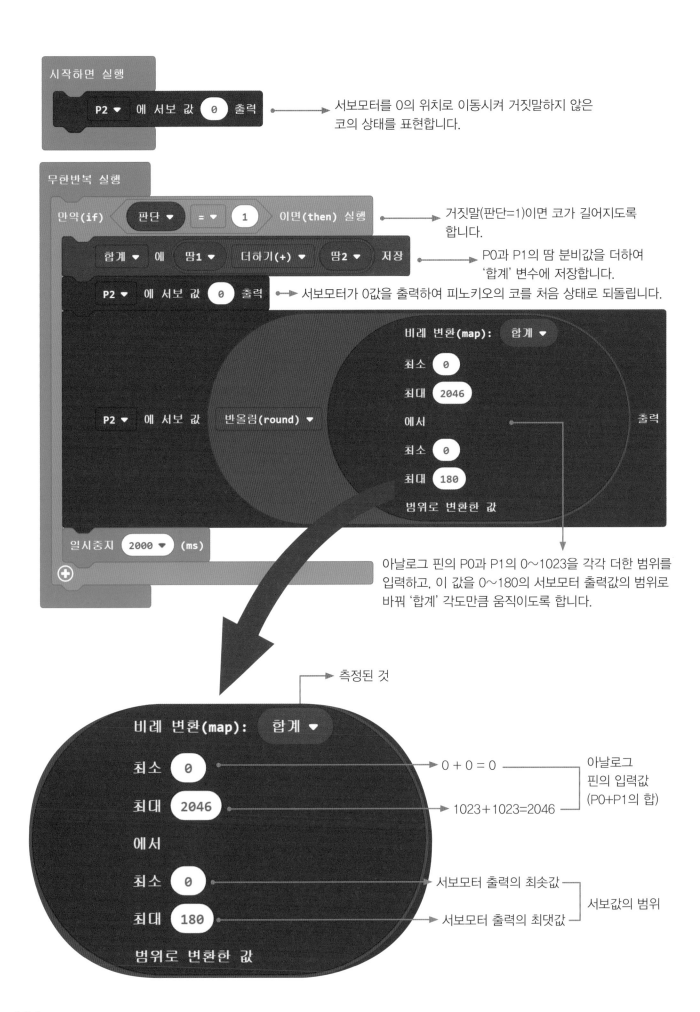

시작하면 실행

P2 ▼ 에 서보 값 0 출력 ●······▶ 서보모터를 0의 위치로 이동시켜 거짓말하지 않은
코의 상태를 표현합니다.

무한반복 실행

만약(if) 판단 ▼ = ▼ 1 이면(then) 실행 ●······▶ 거짓말(판단=1)이면 코가 길어지도록
합니다.

합계 ▼ 에 땀1 ▼ 더하기(+) ▼ 땀2 ▼ 저장 ●······▶ P0과 P1의 땀 분비값을 더하여
'합계' 변수에 저장합니다.

P2 ▼ 에 서보 값 0 출력 ······▶ 서보모터가 0값을 출력하여 피노키오의 코를 처음 상태로 되돌립니다.

비례 변환(map): 합계 ▼
최소 0
최대 2046
P2 ▼ 에 서보 값 반올림(round) ▼ 에서 출력
최소 0
최대 180
범위로 변환한 값

일시중지 2000 ▼ (ms)

아날로그 핀의 P0과 P1의 0~1023을 각각 더한 범위를
입력하고, 이 값을 0~180의 서보모터 출력값의 범위로
바꿔 '합계' 각도만큼 움직이도록 합니다.

측정된 것

비례 변환(map): 합계 ▼

최소 0 ●······▶ 0 + 0 = 0 ─────┐ 아날로그
                               핀의 입력값
최대 2046 ●······▶ 1023+1023=2046 ─┘ (P0+P1의 합)

에서

최소 0 ●······▶ 서보모터 출력의 최솟값 ─┐
                                    서보값의 범위
최대 180 ●······▶ 서보모터 출력의 최댓값 ─┘

범위로 변환한 값

6 그럼, 잘 되는지 확인해 보자!

완성된 프로그램을 실행해 보고, 작동되지 않으면 ❶ 질문 있어요!를 확인해 봅시다.

❶ 확인해 보아요!

파일명을 입력한 다음, 저장하고 마이크로비트에 업로드합니다.

확인할 내용

❶ 판단 변수에 따라 '슬픔' 아이콘과 '행복함' 아이콘이 알맞게 출력되나요?
❷ 서보모터의 각도값이 커지면서 코가 점점 길어지나요?

결과

거짓말하지 않았을 때(0도)

거짓말했을 때(약 90도)

❶ 질문 있어요!

왜 비례 변환할 때 최소 0에서 최대 2046를 정하는 건가요?

P0에서 입력되는 아날로그값이 0부터 1023, P1에서 입력되는 아날로그값이 0부터 1023이니까 두 수의 합의 범위는 0부터 2046이 되는 거예요

서보모터 값의 범위를 바꾼 뒤에 왜 반올림(round) ▼ 0 블록을 사용하나요?

서보모터의 회전 각도는 정숫값으로 명령해야 움직일 수 있어요.

자, 같이 만들어 볼까?

회로와 도안을 연결하는 방법을 알아봅시다.

1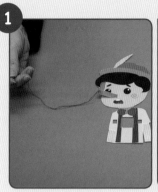

피노키오 도안을 준비하고, 피노키오의 코와 서보모터를 바늘과 실로 연결합니다.

2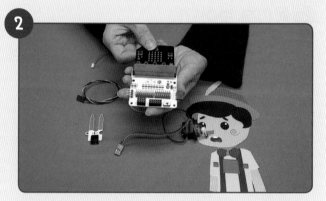

마이크로비트를 확장 보드에 꽂습니다.

3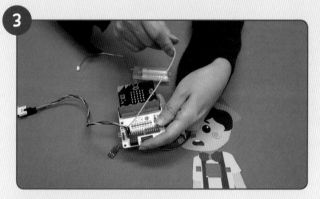

확장 보드 P0에 수분 센서를 연결하고, P1-S에는 점퍼 케이블을 연결합니다.

4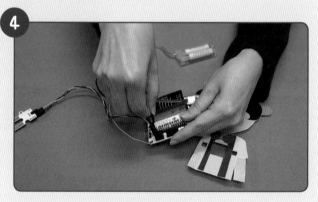

서보모터를 P2에 연결합니다.

5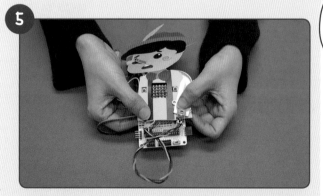

피노키오 도안의 팔에 수분 센서를 붙이고, 다른 쪽 팔에 P1-S에 연결한 점퍼 케이블을 붙인 뒤에 피노키오 도안을 마이크로비트에 씌웁니다.

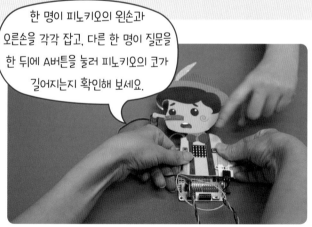

한 명이 피노키오의 왼손과 오른손을 각각 잡고, 다른 한 명이 질문을 한 뒤에 A버튼을 눌러 피노키오의 코가 길어지는지 확인해 보세요.

알리바바와 40인의 도둑

지은이 작자 미상

옛날 페르시아에 욕심 많은 형 카심 과 가난한 아우 알리바바 가 살고 있었어요. 어느 날 알리바바가 산 밑에서 나무를 베고 있는데, 40명의 도둑들이 자루를 한 개씩 든 채 말을 타고 달려왔어요.

> 무슨 일이지? 일단 나무 위로 올라가 숨어서 지켜봐야겠다.

도둑들은 동굴 앞에 이르자 모두 말에서 내려섰고, 두목 이 나아가 동굴 문 앞에 서서 두 팔을 펼쳐 들고 주문을 외쳤어요.

> 열려라, 참깨!

그러자 동굴 문이 활짝 열리고 도둑들이 모두 동굴 안으로 들어간 뒤 문이 다시 닫혔어요. 잠시 뒤 동굴에서 나온 도둑들이 말을 타고 사라졌고, 알리바바 는 나무 위에서 내려와 동굴 문 앞에 섰어요.

앞으로 펼쳐질 이야기는

기본 동굴 앞에 선 알리바바는 동굴 안에 도둑들의 보물 창고가 있을 거라는 생각이 들어 동굴 안으로 들어가고 싶었어요. 알리바바는 동굴 문을 어떻게 열 수 있을까요?

응용 욕심 많은 형 카심은 알리바바가 알려 준 동굴에 가서 알리바바가 일러준 대로 했지만 동굴 문이 열리지 않았어요. 카심은 동굴 문을 열 수 있을까요?

※ 기본 이야기는 '기본편' 교재에서 만날 수 있어요.

비밀번호를 모르는 카심

알리바바가 동굴에서 가져온 보물들을 보고 욕심쟁이 형 카심도 보물에 탐이 났어요.
카심은 부푼 마음으로 알리바바가 알려 준 동굴에 가서 문을 열고 들어가려 했어요.

학습 목표

❶ 움직임 센서의 원리를 알고 프로그래밍할 수 있습니다.

❷ 움직임 센서, 버튼 키패드를 연결하여 서보모터를
제어하는 프로그램을 작성할 수 있습니다.

핵심 장치

오늘은 비밀번호를 모르는
알리바바의 형 카심의
이야기를 들려줄게.

PIR 센서(움직임 센서)   버튼 키패드

마비, 오늘 들려줄 이야기는 뭐야?

알리바바에게 보물을 빼앗긴 도둑들은 화가 많이 났어요. 도둑들은 보물을 또 빼앗기지 않기 위해 움직임만으로는 동굴 문이 절대 열리지 않도록 보안을 강화했어요.

> 동굴 문 앞에서 움직였더니 동굴 문이 열렸어!

> 난 아무리 움직여도 동굴 문이 열리지 않아!

❓ 움직임만으로 동굴 문이 열리지 않게 하려면 어떻게 해야 할까요?

오늘의 할 일

움직임 감지와 알맞은 비밀번호를 눌러야 동굴의 문이 열리도록 만들어 봅시다.

완성 작품

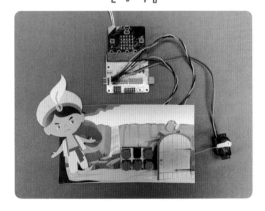

실행 화면

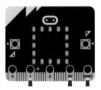

움직임이 있고, 비밀번호를 맞게 눌렀을 때

움직임이 있고, 비밀번호를 틀리게 눌렀을 때

오늘의 준비물

마이크로비트　　확장 보드　　USB 케이블

확장 보드 연결 케이블　　건전지(AAA 2개)와 건전지 케이스　　버튼 키패드

서보모터

PIR 센서　　실　　동굴 도안

2 음, 무엇을 알아야 하지?

이 시간에 배워야 할 장치를 알아봅시다.

❓ 보안을 강화하는 방법에는 어떤 것이 있을까요?

동굴 문에 번호판 같은 게 달려 있던데, 뭘까?

비밀번호를 눌러야 열리는 잠금 장치야, 비밀번호를 모르는 사람은 절대 열 수 없어.

IoT 도어 록

IoT 도어 록은 움직임 감지 센서로 집에 누군가 침입했을 때 침입자의 움직임을 감지하고, 원격으로 도어 록의 상태가 어떠한지 조회하여 이상 상태를 사용자에게 알림으로 전할 수 있습니다.

＊ 이번 활동에서는 비밀번호를 눌러 동굴 문을 열기 위하여 움직임을 감지하는 PIR 센서를 사용합니다.

❓ PIR 센서의 활용을 알아볼까요?

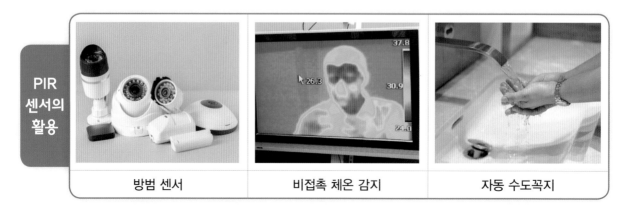

| PIR 센서의 활용 | 방범 센서 | 비접촉 체온 감지 | 자동 수도꼭지 |

③ 좋아, 시작해 볼까?

다음과 같이 회로를 연결한 뒤에 실험을 통해 결괏값을 기록해 봅시다.

❓ 회로 연결은 어떻게 할까요?

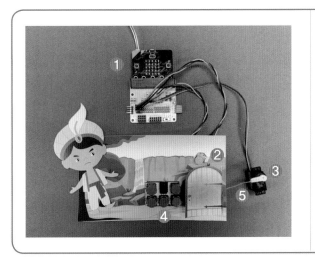

❶ 마이크로비트를 확장 보드에 꽂습니다.
❷ 확장 보드 P0에 PIR 센서를 연결합니다.
❸ 확장 보드 P1에 서보모터를 연결합니다.
❹ 확장 보드 P2에 버튼 키패드를 연결합니다.
❺ 동굴 문 도안을 서보모터의 서보 혼에 실로 연결합니다.

❓ 실험해 볼까요?

버튼 키패드의 A~D버튼을 각각 눌러 출력되는 값을 적어 봅시다.

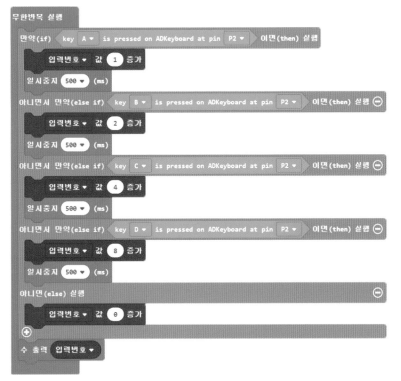

버튼 키패드

1. A와 D버튼을 순서대로 누르면 어떤 숫자가 출력되나요?
( )→( )

2. A, B, C버튼을 순서대로 누르면 어떤 숫자가 출력되나요?
( )→( )→( )

✳ 7이 출력되게 하려면 ( )버튼, ( )버튼, ( )버튼을 눌러야 합니다.

4 또, 무엇을 해야 하지?

프로그램을 작성하기 전에 동작 과정과 필요한 명령어를 살펴봅시다.

❓ 프로그램은 어떻게 동작할까요?

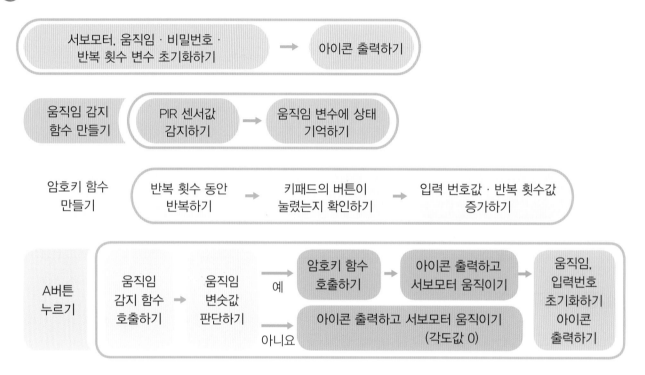

❓ 필요한 명령어는 무엇일까요?

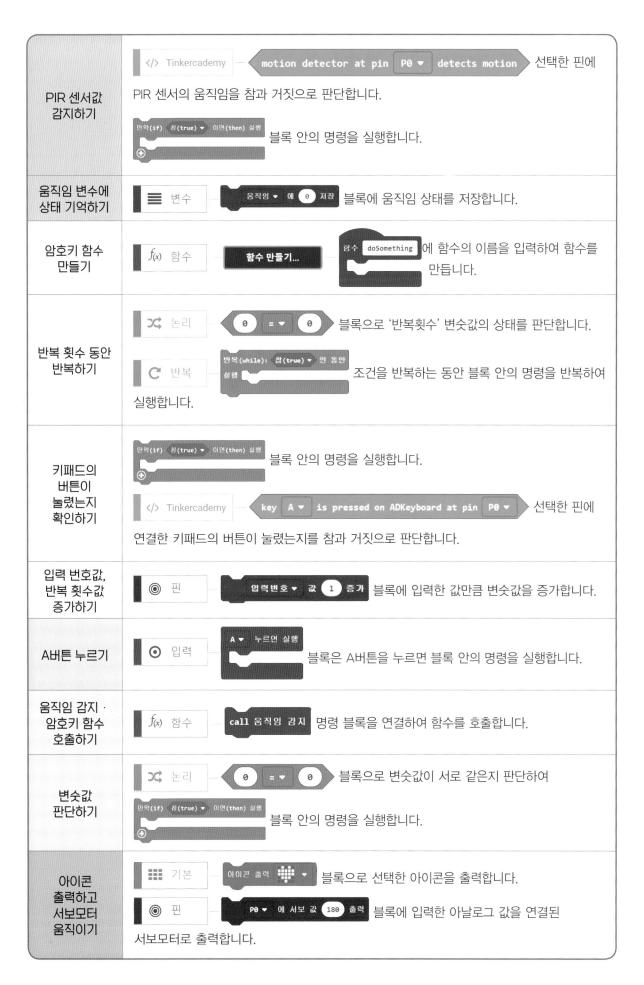

PIR 센서값 감지하기	`</> Tinkercademy` `motion detector at pin P0 ▼ detects motion`	선택한 핀에 PIR 센서의 움직임을 참과 거짓으로 판단합니다.
	`만약(if) 참(true) ▼ 이면(then) 실행`	블록 안의 명령을 실행합니다.
움직임 변수에 상태 기억하기	`≡ 변수` `움직임 ▼ 에 0 저장`	블록에 움직임 상태를 저장합니다.
암호키 함수 만들기	`f(x) 함수` `함수 만들기...` `함수 doSomething`	에 함수의 이름을 입력하여 함수를 만듭니다.
반복 횟수 동안 반복하기	`⤬ 논리` `0 = ▼ 0`	블록으로 '반복횟수' 변숫값의 상태를 판단합니다.
	`C 반복` `반복(while): 참(true) ▼ 인 동안 실행`	조건을 반복하는 동안 블록 안의 명령을 반복하여 실행합니다.
키패드의 버튼이 눌렸는지 확인하기	`만약(if) 참(true) ▼ 이면(then) 실행`	블록 안의 명령을 실행합니다.
	`</> Tinkercademy` `key A ▼ is pressed on ADKeyboard at pin P0 ▼`	선택한 핀에 연결한 키패드의 버튼이 눌렸는지를 참과 거짓으로 판단합니다.
입력 번호값, 반복 횟수값 증가하기	`◎ 핀` `입력번호 ▼ 값 1 증가`	블록에 입력한 값만큼 변숫값을 증가합니다.
A버튼 누르기	`◉ 입력` `A ▼ 누르면 실행`	블록은 A버튼을 누르면 블록 안의 명령을 실행합니다.
움직임 감지 · 암호키 함수 호출하기	`f(x) 함수` `call 움직임 감지`	명령 블록을 연결하여 함수를 호출합니다.
변숫값 판단하기	`⤬ 논리` `0 = ▼ 0`	블록으로 변숫값이 서로 같은지 판단하여
	`만약(if) 참(true) ▼ 이면(then) 실행`	블록 안의 명령을 실행합니다.
아이콘 출력하고 서보모터 움직이기	`⣿ 기본` `아이콘 출력 ▦`	블록으로 선택한 아이콘을 출력합니다.
	`◎ 핀` `P0 ▼ 에 서보 값 180 출력`	블록에 입력한 아날로그 값을 연결된 서보모터로 출력합니다.

5 이제, 프로그래밍해 볼까?

앞에서 배운 명령어로 프로그램을 만들어 봅시다.

예제 주소: http://m.site.naver.com/0wa8B

✔ 준비 하기 　 에서 　변수 만들기...　를 선택하여 '움직임', '입력번호', '비밀번호', '반복횟수' 변수를 만듭니다.

　　　　　　　ƒ(x) 함수 에서 　함수 만들기...　를 선택하여 '움직임 감지', '암호키' 함수를 만듭니다.

✔ 프로그램 만들기

A버튼을 누른 뒤 움직임을 감지하면 비밀번호가 맞는지 확인하여 맞으면 동굴 문이
열리도록 합니다.

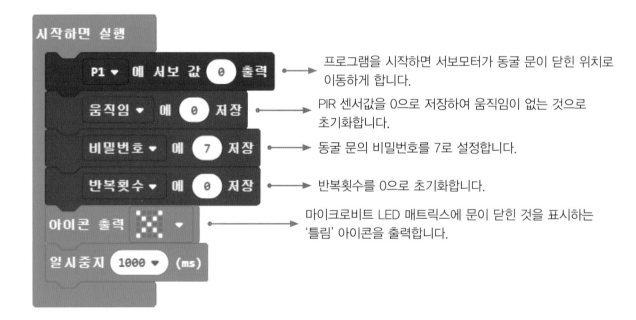

프로그램을 시작하면 서보모터가 동굴 문이 닫힌 위치로
이동하게 합니다.

PIR 센서값을 0으로 저장하여 움직임이 없는 것으로
초기화합니다.

동굴 문의 비밀번호를 7로 설정합니다.

반복횟수를 0으로 초기화합니다.

마이크로비트 LED 매트릭스에 문이 닫힌 것을 표시하는
'틀림' 아이콘을 출력합니다.

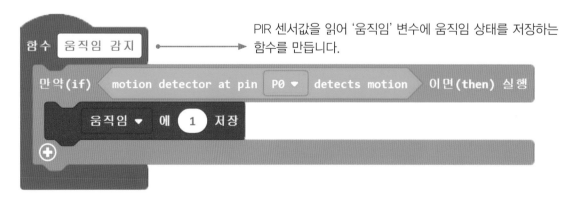

PIR 센서값을 읽어 '움직임' 변수에 움직임 상태를 저장하는
함수를 만듭니다.

버튼 키패드를 세 번 눌러서 입력 번호가 비밀번호 7과 같게 만듭니다.

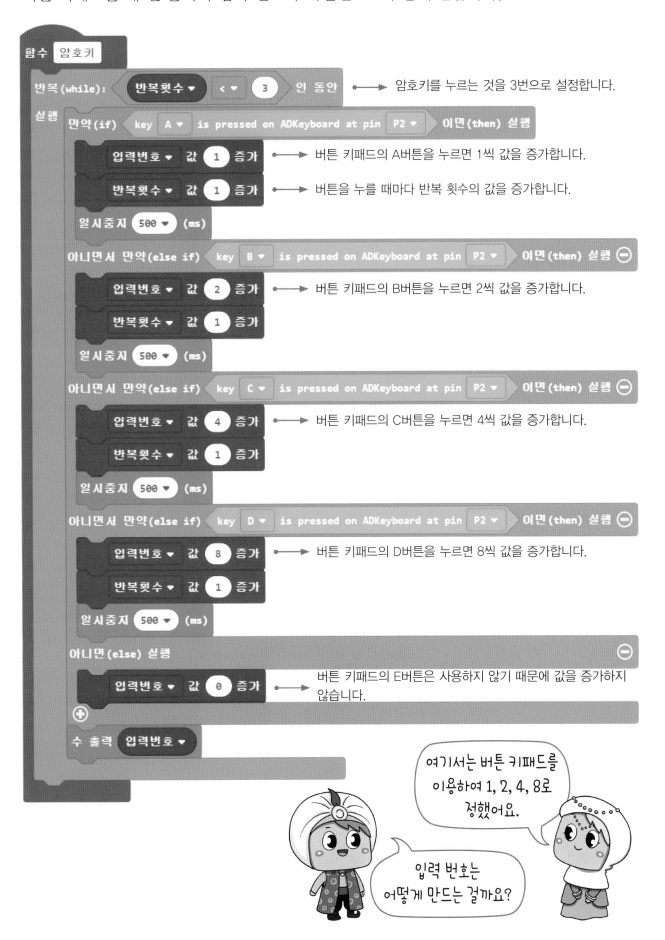

함수 암호키

반복 (while): 반복횟수 ▼ < ▼ 3 인 동안 ••••→ 암호키를 누르는 것을 3번으로 설정합니다.

실행 만약(if) key A ▼ is pressed on ADKeyboard at pin P2 ▼ 이면(then) 실행

입력번호 ▼ 값 1 증가 ••••→ 버튼 키패드의 A버튼을 누르면 1씩 값을 증가합니다.

반복횟수 ▼ 값 1 증가 ••••→ 버튼을 누를 때마다 반복 횟수의 값을 증가합니다.

일시중지 500 ▼ (ms)

아니면서 만약(else if) key B ▼ is pressed on ADKeyboard at pin P2 ▼ 이면(then) 실행 ⊖

입력번호 ▼ 값 2 증가 ••••→ 버튼 키패드의 B버튼을 누르면 2씩 값을 증가합니다.

반복횟수 ▼ 값 1 증가

일시중지 500 ▼ (ms)

아니면서 만약(else if) key C ▼ is pressed on ADKeyboard at pin P2 ▼ 이면(then) 실행 ⊖

입력번호 ▼ 값 4 증가 ••••→ 버튼 키패드의 C버튼을 누르면 4씩 값을 증가합니다.

반복횟수 ▼ 값 1 증가

일시중지 500 ▼ (ms)

아니면서 만약(else if) key D ▼ is pressed on ADKeyboard at pin P2 ▼ 이면(then) 실행 ⊖

입력번호 ▼ 값 8 증가 ••••→ 버튼 키패드의 D버튼을 누르면 8씩 값을 증가합니다.

반복횟수 ▼ 값 1 증가

일시중지 500 ▼ (ms)

아니면(else) 실행 ⊖

입력번호 ▼ 값 0 증가 ••••→ 버튼 키패드의 E버튼은 사용하지 않기 때문에 값을 증가하지 않습니다.

⊕

수 출력 입력번호 ▼

여기서는 버튼 키패드를 이용하여 1, 2, 4, 8로 정했어요.

입력 번호는 어떻게 만드는 걸까요?

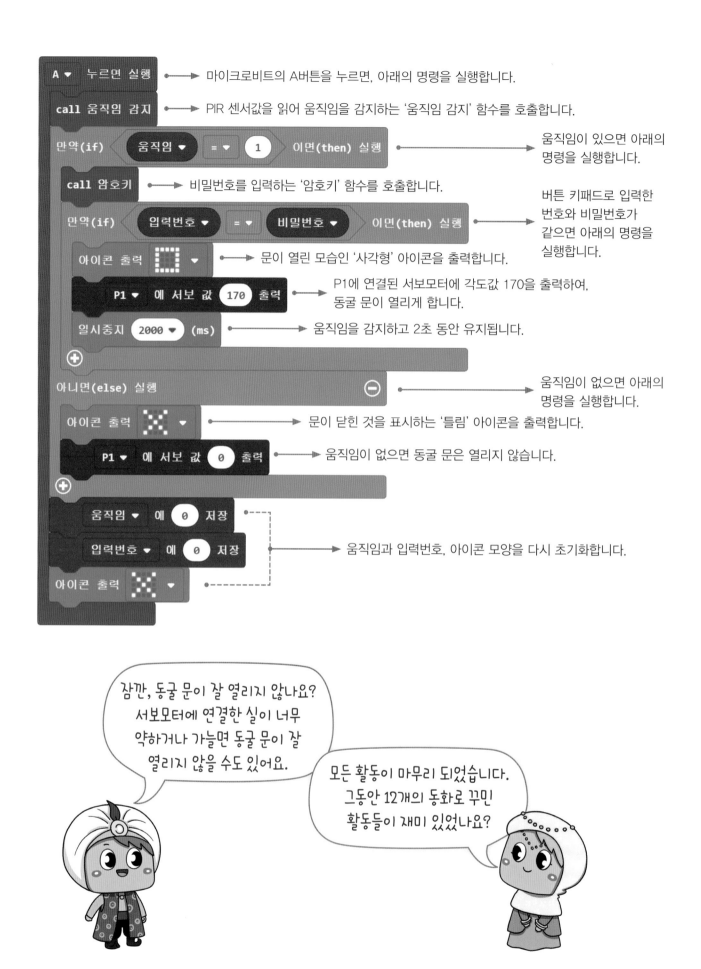

A ▼ 누르면 실행 → 마이크로비트의 A버튼을 누르면, 아래의 명령을 실행합니다.

call 움직임 감지 → PIR 센서값을 읽어 움직임을 감지하는 '움직임 감지' 함수를 호출합니다.

만약(if) 움직임 ▼ = ▼ 1 이면(then) 실행 → 움직임이 있으면 아래의 명령을 실행합니다.

call 암호키 → 비밀번호를 입력하는 '암호키' 함수를 호출합니다.

만약(if) 입력번호 ▼ = ▼ 비밀번호 ▼ 이면(then) 실행 → 버튼 키패드로 입력한 번호와 비밀번호가 같으면 아래의 명령을 실행합니다.

아이콘 출력 ▼ → 문이 열린 모습인 '사각형' 아이콘을 출력합니다.

P1 ▼ 에 서보 값 170 출력 → P1에 연결된 서보모터에 각도값 170을 출력하여, 동굴 문이 열리게 합니다.

일시중지 2000 ▼ (ms) → 움직임을 감지하고 2초 동안 유지됩니다.

⊕

아니면(else) 실행 ⊖ → 움직임이 없으면 아래의 명령을 실행합니다.

아이콘 출력 ▼ → 문이 닫힌 것을 표시하는 '틀림' 아이콘을 출력합니다.

P1 ▼ 에 서보 값 0 출력 → 움직임이 없으면 동굴 문은 열리지 않습니다.

⊕

움직임 ▼ 에 0 저장

입력번호 ▼ 에 0 저장 → 움직임과 입력번호, 아이콘 모양을 다시 초기화합니다.

아이콘 출력 ▼

잠깐, 동굴 문이 잘 열리지 않나요? 서보모터에 연결한 실이 너무 약하거나 가늘면 동굴 문이 잘 열리지 않을 수도 있어요.

모든 활동이 마무리 되었습니다. 그동안 12개의 동화로 꾸민 활동들이 재미 있었나요?

6 그럼, 잘 되는지 확인해 보자!

완성된 프로그램을 실행해 보고, 작동되지 않으면 ❶ 질문 있어요!를 확인해 봅시다.

❶ 확인해 보아요!

파일명을 입력한 다음, 저장하고 마이크로비트에 업로드합니다.

확인할 내용

❶ 마이크로비트의 A버튼을 누른 뒤 움직임이 감지된 다음, 맞는 비밀번호를 눌렀을 때 '사각형' 아이콘이 출력되고 동굴 문의 열리나요?

❷ 마이크로비트의 A버튼을 누른 뒤 움직임이 감지된 다음, 틀린 비밀번호를 눌렀을 때 '틀림' 아이콘이 출력되고 동굴 문이 닫혀 있나요?

결과

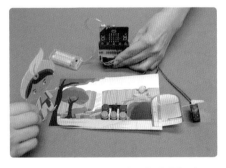

움직임이 있고, 비밀번호가 **틀렸**을 때   움직임이 있고, 비밀번호가 **맞았**을 때

❶ 질문 있어요!

버튼 키패드의 버튼을 누를 때는 PIR 센서에 움직임이 감지되지 않았는데도 문이 열린 것 같아요.

움직임이 감지되면 '움직임' 변수를 1로 저장하여 동굴 앞에 움직임이 감지된 상태를 기억했기 때문에 비밀번호가 맞으면 문이 열려요.

비밀번호인 '7'을 만들기 위해서는 어떤 버튼을 눌러야하나요?

A, B, C 버튼을 눌러야 해요. A버튼을 누르면 1, B버튼을 누르면 2, C버튼을 누르면 4의 값이 더해져서 '7'의 값을 만들 수 있어요.

「메이크코드와 마이크로비트로 배우는 스토리텔링 코딩」 시리즈는 기본 활동으로 구성된 「기본편」과 응용 활동으로 구성된 「응용편」, 기본과 응용 활동으로 구성된 「종합편」으로 이루어져 있어요.

「기본편」으로 기본 활동을 해 본 다음 「응용편」으로 응용 활동을 해 볼 수 있고, 기본과 응용 활동을 「종합편」 한 권으로 모두 해 볼 수도 있어요.

초판발행 2020년 4월 1일

지 은 이 씨마스에듀 코딩 교육연구회 (장병철, 유경선, 이은경)
펴 낸 이 이미래
펴 낸 곳 (주)씨마스
주   소 서울특별시 중구 서애로 23(필동 3가 21-7) 통일빌딩
등록번호 제301호-2011-214호
내용문의 02)2274-1590~2 | 팩스 02)2278-6702

편   집 권소민, 김영미, 신태환, 최햇님
디 자 인 표지: 이기복, 내지: 김영수, 김보연
마 케 팅 김진주

홈페이지 www.cmass21.co.kr | **이메일** cmass@cmass21.co.kr
이 책에 대한 의견이나 잘못된 내용에 대한 수정 정보는 씨마스 홈페이지나 이메일로 알려 주시기 바랍니다.
잘못된 책은 구매처 또는 본사에서 교환해 드립니다.

I S B N 979-11-5672-374-5(응용편)

교구는 별도 판매합니다.
구 매 처 T. 02) 2274-1590~2
홈페이지 cmassedumall.com

만들기 도안

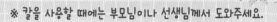

※ 칼을 사용할 때에는 부모님이나 선생님께서 도와주세요.

──────── 오리는 선 ----------- 접는 선 ////////// 풀칠할 면

 활동 **1** 캔자스 마을로 돌아가는 도로시

본문 19쪽

활동 **2** 브레멘 음악대의 우리 집 지키미

본문 29쪽

활동 **2** 브레멘 음악대의 우리 집 지키미　　　본문 29쪽

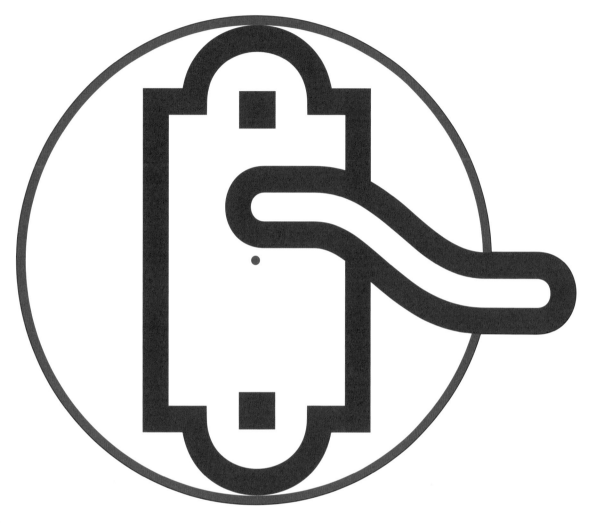

활동 **3** 할아버지의 후회　　　본문 37쪽

활동 **4** 헨젤과 그레텔의 마녀 감지기   본문 47쪽

활동 **5** 도깨비방망이를 지켜라!   본문 55쪽

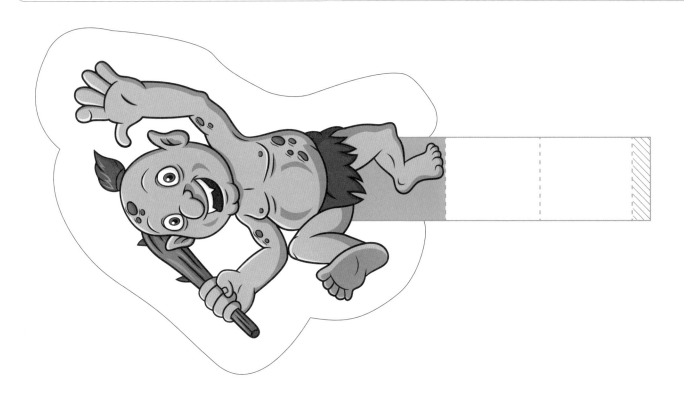

활동 **6** 반짝이는 크리스마스카드   본문 63쪽

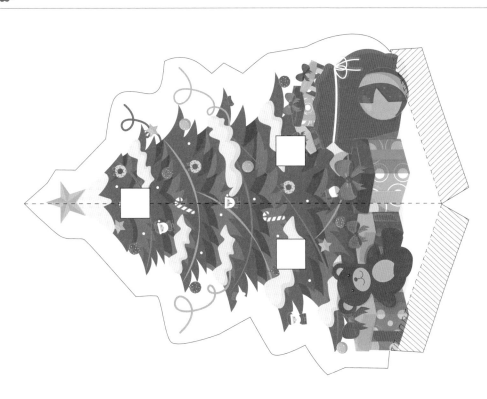

활동 6 반짝이는 크리스마스카드   본문 63쪽

활동 7 장미꽃 돌보기

본문 73쪽

활동 8 염소네 집의 비밀번호 문

본문 85쪽

활동 **8** 염소네 집의 비밀번호 문   본문 85쪽

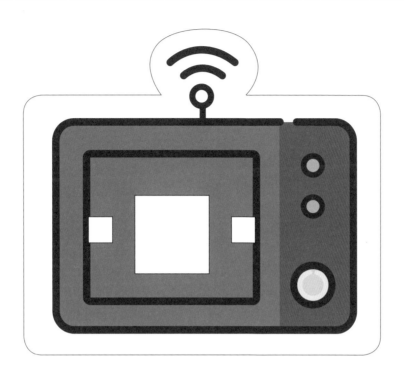

활동 **9** 빛이 보이면 달려야 해!   본문 95쪽

활동 **10** 오늘의 기분은 흐림   [본문 103쪽]

활동 11 길어지는 피노키오의 코

본문 111쪽

피노키오 코

활동 **12** 비밀번호를 모르는 카심   본문 121쪽